écho

MÉTHODE DE FRANÇAIS

POUR L'AMÉRIQUE DU NORD

CAHIER PERSONNEL
D'APPRENTISSAGE

J. Girardet - J. Pécheur

F. Olivry - D. Liakin - N. Liakina - H. Boivin

CLE

INTERNATIONAL

www.cle-inter.com

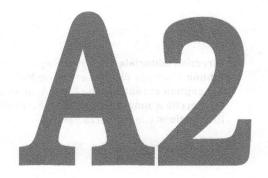

Direction éditoriale : Béatrice Rego
Édition : Isabelle Walther et Laurie Millet
Conception et réalisation : Nada Abaïdia/Lo Yenne
Recherche iconographique : Danièle Portaz, Fabien Olivry
Illustrations : Jean-Pierre Foissy

FSC
www.fsc.org
MIXTE
Papier issu
de sources
responsables
FSC® C022030

Sommaire

Unité 1

Leçon 1 _____ 5

Leçon 2 _____ 13

Leçon 3 _____ 19

Leçon 4 _____ 25

Préparation au DELF A2 _____ 32

Unité 2

Leçon 5 _____ 35

Leçon 6 _____ 41

Leçon 7 _____ 48

Leçon 8 _____ 54

Préparation au DELF A2 _____ 60

Unité 3

Leçon 9 _____ 63

Leçon 10 _____ 71

Leçon 11 _____ 77

Leçon 12 _____ 84

Préparation au DELF A2 _____ 91

N.B. Les activités d'écoute sont signalées avec le numéro de la piste d'enregistrement sur le CD.

Vivement demain !

Travail avec les pages Interactions

Vocabulaire

• augmentation (n.f.)	opinion (n.f.)	• augmenter (v.)
cancer (n.m.)	paix (n.f.)	correspondre (v.)
chiffre (n.m.)	partie (n.f.)	développer (v.)
climat (n.m.)	pétrole (n.m.)	devenir (v.)
énergie (n.f.)	population (n.f.)	diminuer (v.)
évolution (n.f.)	relation (n.f.)	hésiter (v.)
futur (n.m.)	terre (n.f.)	transporter (v.)
guerre (n.f.)	• optimiste (adj.)	• vivement
métier (n.m.)	quotidien (adj.)	
nourriture (n.f.)	riche (adj.)	

Apprenez le vocabulaire

1. Complétez avec un verbe de la liste.

augmenter – changer – devenir – diminuer – évoluer – se développer
Présent et passé

a. Depuis 50 ans, la population de Montréal _____ .

b. Les quartiers de la banlieue _____ .

c. Le métro _____ . Il est plus rapide et il fait moins de bruit.

d. Le nombre de cabines téléphoniques _____ .

e. Beaucoup de restaurants _____ des McDos.

f. Les modes de vie _____ .

2. Dans la liste de vocabulaire ci-dessus, trouvez les mots correspondant à ces définitions.

a. Sur la table du restaurant _____

e. Il est loin d'être pauvre _____

b. Profession _____

f. On la voit de la Lune _____

c. On la signe après la guerre _____

g. Morceau _____

d. De 1 à 9 _____

h. Richesse de l'Arabie Saoudite _____

3. Transformez les verbes en noms. Refaites les phrases comme dans l'exemple.

a. Je vous interdis d'entrer → **Interdiction d'entrer**

b. Les prix ont augmenté → _____

c. Les banlieues se sont développées → _____

d. Les aides aux chômeurs ont diminué → _____

e. On a remplacé l'entraîneur de l'équipe de football → _____

f. Vous devez travailler → _____

4. Dans le sondage « Êtes-vous optimiste face au futur », trouvez des mots sur les sujets suivants :

a. Les problèmes de santé : **guérir,** _____

b. La guerre : _____

c. La campagne : _____

Vérifiez votre compréhension

5. Observez les documents ci-dessous.

A. Identifiez-les.

a. une affiche de film _____   **e.** un livre _____

b. une publicité pour voyante _____   **f.** une affiche publicitaire _____

c. une affiche politique _____   **g.** une petite annonce _____

d. un bulletin météo _____

B. Retrouvez dans ces documents les mots qui expriment le futur.

Le futur : _____

C. Par quel document ces personnes peuvent-elles être intéressées ?

a. Il cherche du travail. _____   **e.** Il aime réfléchir et discuter. _____

b. Elle attend un enfant. _____   **f.** Elle fait de la politique. _____

c. Il veut savoir si son amie l'aime vraiment. _____   **g.** Demain, il va faire une randonnée en montagne. _____

d. Elle veut se détendre.

1   *Gracieuseté de Alliance Vivafilm*

2

3   DÉSIR D'AVENIR : ENSEMBLE TOUT EST POSSIBLE

4   **Le temps demain**

5   **VELMA Voyance**
- Projets
- Sentiments
- Vie professionnelle

Appelez le **418 501-3657**

6   FUTURA

Pour la future maman

TOUT BÉBÉ EST LÀ

7   « Connectez-vous sur votre prochain travail www.ALLOJOB.com »

Travail avec les pages Ressources

Vocabulaire

• salaire (n.m.) _____   • nommer (v.) _____   • autant _____

Apprenez les conjugaisons

1. Complétez la conjugaison de ces verbes au présent.

dire

je dis
tu _____
il/elle _____
nous disons
vous dites
ils/elles _____

interdire

j'_____
tu _____
il/elle _____
nous _____
vous interdisez
ils/elles _____

vivre

je _____
tu _____
il/elle vit
nous vivons
vous _____
ils/elles _____

Rappelez-vous

La conjugaison des verbes au futur

■ Verbes en -er et beaucoup d'autres verbes :
infinitif + terminaison : -ai ; -as ; -a ; -ons ; -ez ; -ont
je parlerai   *je finirai*   *je partirai*

■ Quelques verbes très utilisés ont une conjugaison différente :
être : *je serai*   faire : *je ferai*
avoir : *j'aurai*   venir : *je viendrai*
aller : *j'irai*   pouvoir : *je pourrai*
voir : *je verrai*   il faut : *il faudra*

---

2. Complétez la conjugaison de ces verbes au futur.

Demain...

je (travailler) _____
tu (s'arrêter) _____
il (jouer) _____
nous (comprendre) _____
vous (dormir) _____
elles (se rencontrer) _____

je (faire) _____
tu (venir) _____
elle (aller) _____
nous (être absent) _____
vous (avoir du temps) _____
ils (pouvoir sortir) _____

3. Continuez au futur comme dans l'exemple.

a. Anna se marie aujourd'hui. **Léa se mariera demain.**

b. Aujourd'hui, je vais au mariage d'Anna. Demain, _____

c. Aujourd'hui, nous faisons un cadeau. Demain, _____

d. Aujourd'hui, tu danses. Demain, _____

e. Aujourd'hui, je fais un bon repas. Demain, _____

f. Aujourd'hui, Anna et son mari partent en voyage. Demain, _____

g. Aujourd'hui, ils se souviennent de leur rencontre. Demain, _____

4. Mettez les verbes au futur.

On gagnera ce marché

a. Le nouveau produit *(sortir)* _____ demain.

b. Je vous *(appeler)* _____ .

c. Vous *(aller)* _____ à Boston pour le présenter.

d. Laura *(venir)* _____ avec vous.

e. Vous *(prendre)* _____ l'avion.

f. J'espère que les Américains *(apprécier)* _____ et que nous *(avoir)* _____ ce marché.

g. Si vous réussissez, nous *(faire)* _____ la fête !

Parlez du futur

5. Mettez les verbes au futur.

Projet culturel

Le centre multimédia *(être)* _____ un lieu d'information pour tout le monde. On *(avoir)* _____

accès aux technologies d'aujourd'hui. On *(pouvoir)* _____ aussi ouvrir une adresse électronique.

Nous *(développer)* _____ le dialogue en ligne et nous *(envoyer)* _____ régulièrement une *newsletter*.

6. Mettez les verbes au futur.

Avec des « si »...

Si j'obtiens mon diplôme, je *(faire)* _____ une grande fête.

J'*(inviter)* _____ tous mes amis.

J'*(acheter)* _____ un cadeau à ma femme.

Nous *(prendre)* _____ un mois de vacances.

Nous *(partir)* _____ très loin.

J'*(oublier)* _____ tout.

7. L'homme politique fait des promesses. Continuez selon l'exemple.

a. augmenter les salaires → **nous augmenterons les salaires**

b. développer les transports en commun → _____

c. mieux utiliser les crédits → _____

d. programmer de nouveaux logements → _____

e. développer les nouvelles énergies → _____

Rappelez-vous

Pour comparer :

■ **des qualités :** plus ... que / aussi ... que / moins ... que
*Marie est **aussi** charmante **que** Sophie.*

■ **des quantités :** plus de ... que / autant de ... que / moins de ... que
*Pierre a **autant de** travail **que** Paul.*

■ **des actions :** plus que / autant que / moins que
*Marie dort **moins que** Camille.*

CONSOMMATION DE VIN DANS LE MONDE
(en litres par personne)

France	44,2
Suisse	40,4
Italie	37,5
Belgique	24
Allemagne	24
Argentine	22,9
Espagne	21,5
Canada	12,5
États-Unis	10,5
Chine	1,32
Mexique	1,30

8. Complétez avec un mot de comparaison.

a. En Italie, on boit _____ France.

b. Les Belges boivent _____ les Allemands.

c. Aux États-Unis, on boit _____ Canada.

d. Les Argentins boivent _____ les Espagnols qui boivent _____ les Belges.

e. Les Suisses achètent _____ de bouteilles de vin que les Allemands.

f. Les Chinois achètent beaucoup _____ de bouteilles de vin que les Français.

g. Les Mexicains achètent presque _____ de bouteilles de vin que les Chinois.

🌐 Entraînement à l'oral

Vocabulaire

• analyste programmeur (n.m.) _____

choix (n.m.) _____

chômage (n.m.) _____

congé (n.m.) _____

coup (n.m.) _____

courage (n.m.) _____

création (n.f.) _____

économie (n.f.) _____

gestion (n.f.) _____

ressources humaines (n.f.pl.) _____

retraite (n.f.) _____

tâche (n.f.) _____

• routinier (adj.) _____

spécialisé (adj.) _____

• déranger (v.) _____

réfléchir (v.) _____

s'inquiéter (v.) _____

superviser (v.) _____

• justement _____

Prononcez

1. 🔊 1 Écoutez et notez les « e » non prononcés.

a. je développerai

b. tu diminueras

c. il transportera

d. nous hésiterons

e. vous mesurerez

f. elles fermeront

2. 🔊 2 Écoutez et distinguez les sons « an » [ã], « in » [ɛ̃] et « on » [ɔ̃].

	[ã]	[ɛ̃]	[ɔ̃]
a.			
b.			
c.			
d.			
e.			

	[ã]	[ɛ̃]	[ɔ̃]
f.			
g.			
h.			
i.			

Vérifiez votre compréhension

3. ⊙ 3 Écoutez le bulletin météo et complétez la carte ci-dessous.

Parlez

4. ⊙ 4 Vous prenez des décisions.
Continuez comme dans l'exemple.

a. se lever tôt

Je me lèverai tôt.

b. arrêter de fumer

_____

c. manger régulièrement

_____

d. faire du sport

_____

e. ne plus boire

_____

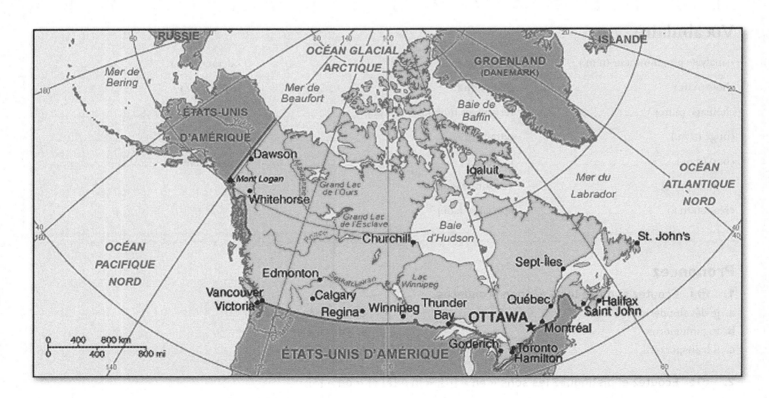

     I5
I2

Pages Écrits et Civilisation

Vocabulaire

• administration (n.f.) _____	formation (n.f.) _____	primaire (adj.) _____
avenir (n.m.) _____	incident (n.m.) _____	second (adj.) _____
bourse (n.f.) _____	ingénieur (n.m.) _____	• avancer (v.) _____
cadre (n.m.) _____	niveau (n.m.) _____	compter (v.) _____
cahier (n.m.) _____	pauvreté (n.f.) _____	couper (v.) _____
cégep (n.m.) _____	religion (n.f.) _____	dépenser (v.) _____
connaissance (n.f.) _____	signe (n.m.) _____	étudier (v.) _____
difficulté (n.f.) _____	solution (n.f.) _____	exister (v.) _____
doctorat (n.m.) _____	technicien (n.m.) _____	former (v.) _____
droit (n.m.) _____	• final (adj.) _____	mélanger (v.) _____
enseignement (n.m.) _____	général (adj.) _____	respecter (v.) _____
étape (n.f.) _____	laïque (adj.) _____	réunir (v.) _____
extrait (n.m.) _____	obligatoire (adj.) _____	

Vérifiez votre compréhension

1. Lisez le texte de la page 16. Cochez les remarques qui sont justes.

a. Ce document est :

☐ un article où on raconte un événement

☐ une discussion entre plusieurs personnes

b. Ce document affirme que :

☐ l'école connaît des difficultés

☐ il faut séparer les élèves suivant leurs difficultés

☐ l'école ne doit s'occuper que des savoirs

☐ l'informatique peut aider à résoudre certains problèmes

☐ l'école doit accepter que certains ne réussissent pas

☐ on doit faire des choix dans l'utilisation des moyens

2. Retrouvez les informations correspondant à ces données chiffrées dans « L'enseignement au Canada », page 17.

6-16 ans : **école obligatoire pour tous**   3 ans et plus : _____   6 ans : _____

8 % : _____   12 ans : _____   7 % : _____

Écrivez

3. Vous voulez faire le voyage proposé dans le document suivant. Vous écrivez à un(e) ami(e) pour lui proposer de vous accompagner. Vous décrivez le voyage.

« Nous partirons de Toronto le mardi à 8 h et... »

VOTRE SÉJOUR À TOKYO

→ **Mardi :**
   départ de Toronto à 8 h

→ **Mercredi :**
   arrivée à Tokyo à 15 h – Installation à l'hôtel

→ **Jeudi**
   – matin : promenade dans le jardin impérial
   – après-midi : magasinage dans les quartiers de Ginza
   – soir : souper dans un restaurant traditionnel

→ **Vendredi**
   – matin : visite du musée de la vie quotidienne à l'époque Edo
   – après-midi : rendez-vous à Ueno, parc des mille cerisiers en fleurs
   – soir : représentation de Théâtre No

→ **Samedi**
   – matin : découverte du quartier de Ningyocho : artisanat, poupées, kimonos
   – après-midi : visite libre
   – soir : retrouvailles dans le quartier jeune et branché d'Aoyama

→ **Dimanche :**
   retour à Toronto

Tu as du boulot ?

Vous allez apprendre à :

☑ parler du travail et de l'entreprise
☑ chercher un emploi
☑ choisir et acheter un objet
☑ exprimer vos goûts et vos préférences

Travail avec les pages Interactions

Vocabulaire

- appli (n.f.) _____
camion (n.m.) _____
chalet (n.m.) _____
commercialisation (n.f.) _____
emploi (n.m.) _____
engagement (n.m.) _____
entrée (n.f.) _____
fabrication (n.f.) _____
forfait (n.m.) _____
garde (n.m.) _____
gardien (n.m.) _____
gymnase (n.m.) _____

hébergement (n.m.) _____
lieu (n.m.) _____
mémoire (n.f.) _____
personnel (n.m.) _____
plante (n.f.) _____
raclette (n.f.) _____
société (n.f.) _____
vitamine (n.f.) _____
- abordable (adj.) _____
capable (adj.) _____
commercial (adj.) _____
effiloché (adj.) _____

financier (adj.) _____
- ajouter (v.) _____
commercialiser (v.) _____
diriger (v.) _____
manquer (v.) _____
observer (v.) _____
produire (v.) _____
s'ennuyer (v.) _____
se renseigner (v.) _____
suffire (v.) _____

Vérifiez votre compréhension

1. Relisez la partie « Il suffit d'y penser » du document des pages 18 et 19. Complétez le tableau.

Qui a la nouvelle idée ?	Quel problème veut-il résoudre ?	Quelle solution propose-t-il ?
a. _____	_____	_____
b. _____	absence de cuisine de rue au Québec	_____
c. _____	_____	_____
d. une société américaine	_____	_____

Apprenez le vocabulaire

2. Faites correspondre les besoins et les secteurs d'emploi.

a. une population plus âgée
b. des métiers qui évoluent
c. une durée du travail plus courte
d. un besoin de protection plus grand
e. des produits de haute technologie
f. des besoins en logements

1. loisirs
2. formation supérieure
3. santé
4. construction de bâtiments
5. enseignement
6. sécurité

3. Voici tous les métiers qui ont été présentés dans la méthode. Classez-les dans le tableau.

poète – fermier – biologiste – magicien – policier – réparateur – médecin – dessinateur – coiffeur – religieux – infirmière – professeur – présentateur – journaliste – musicien – animateur – traiteur – ingénieur – contrôleur – technicien – informaticien – serveur – réceptionniste

Métiers de la communication	Métiers des services	Métiers manuels	Métiers techniques	Métiers artistiques

4. Trouvez l'action correspondant à la profession.

a. le contrôleur : **il contrôle**

b. l'administrateur : _____

c. le directeur : _____

d. la gestionnaire : _____

e. la réparatrice : _____

f. le serveur : _____

g. l'animatrice : _____

h. la coiffeuse : _____

5. Remettez dans l'ordre les étapes de la fabrication d'une nouvelle moto.

a. Le directeur et les cadres décident de commercialiser le produit.

b. On fabrique un prototype.

c. Le produit est dans tous les magasins.

d. Les ingénieurs font un projet de nouvelle moto.

e. On fait de la publicité.

f. Les techniciens font des essais et des tests.

g. Les commerciaux présentent la nouvelle moto.

h. On améliore le projet.

Travail avec les pages Ressources

Vocabulaire

• marque (n.f.) _____   • séduisant (adj.) _____

Utilisez les pronoms

Rappelez-vous

■ On utilise **le pronom « en »** pour reprendre un nom :
– précédé de « du », « de la », « des »
J'ai acheté de la confiture. J'en ai mangé.

– précédé d'un mot de quantité
Il a beaucoup d'argent ? – Oui, il en a beaucoup !
J'ai acheté une tarte. J'en ai mangé (un morceau).

– précédé de la préposition « de »
Tu as besoin d'aide ? – J'en ai besoin.

■ On utilise **le pronom « y »** pour reprendre :
– un nom de lieu
Tu es allé au Canada ? – Oui, j'y suis allé.

– une chose ou une idée complément indirect d'un verbe précédé de la préposition « à »
Elle fait attention à son orthographe ? – Oui, elle y fait attention.

1. Répondez en employant « en ».

Chez un commerçant

a. Vous avez des chemises à fleurs ? – **Oui, j'en ai.**

b. Vous avez vu une chemise qui vous intéresse ? – Oui, _____

c. Vous faites des réductions sur ces chemises ? – Non, _____

d. Vous me donnez un billet de 100 $! Vous n'avez pas de monnaie ? – Non, _____

e. Vous n'avez pas une carte bancaire ? – Oui, _____

f. Vous avez besoin d'une facture ? – Non, _____

2. Répondez selon votre situation.

a. Vous avez une voiture ? – **Oui, j'en ai une. / Non, je n'en ai pas.**

b. Vous faites du jogging ? _____

c. Vous buvez du café ? _____

d. Vous écoutez de la musique ? _____

e. Vous mangez des crèmes glacées ? _____

f. Vous mettez des cravates ? _____

3. Répondez en employant « y ».

Au Festival

a. Tu seras au Festival ? – **Oui, j'y serai.**

b. Tu vas à la conférence de presse ? – Oui, _____

c. Luc et Marie viendront à cette conférence ? – Oui, _____

d. Vous irez prendre un verre au bar de l'hôtel après la conférence ? – Non, _____

e. Tu participeras à la manifestation de demain ? – Non, _____

f. Vous assisterez au concert ? – Oui, _____

4. Répondez selon les indications.

a. Vous pensez au problème ? – **Oui, j'y pense.**

b. Vous allez à la réunion ? – Oui, _____

c. Vous participez au déjeuner ? – Non, _____

d. Vous travaillez au projet ? – Oui, _____

e. Vous pensez au budget ? – Oui, _____

f. Vous allez à la soirée de Kevin ? – Non, _____

5. Complétez avec les pronoms « en » ou « y ».

Au Grand Prix automobile du Canada, en juin

a. Hélène va au Grand Prix du Canada ? – **Oui, elle y va.**

b. Elle a réservé des places ? Oui, _____

c. Il y a une place pour moi. – Oui, _____

d. Vous resterez à Montréal après le Grand Prix ? – Non, _____

e. Vous avez des amis ? – Non, _____

6. Exprimez la condition en employant les expressions de la liste.

Elle pose ses conditions

a. *Lui :* On habite ensemble ? – *Elle :* **Oui, si je choisis le logement.**

b. *Lui :* On loue un appartement ? – *Elle :* _____

c. *Lui :* On aura un chien. – *Elle :* _____

d. *Lui :* J'achète un piano ? – *Elle :* _____

e. *Lui :* Nous aurons un bébé ? – *Elle :* _____

1. le sortir le soir

2. choisir le logement

3. ne pas jouer de la musique jazz

4. ne pas l'appeler Maurice ou Mauricette

5. partager le loyer

🎧 Entraînement à l'oral

Vocabulaire

• défi (n.m.) _____	programmation (n.f.) _____	plaire (v.) _____
employeur (n.m.) _____	responsable (n.m.) _____	• couramment _____
entrevue (n.f.) _____	• nul (adj.) _____	franchement _____
expérience (n.f.) _____	sexy (adj.) _____	par contre _____
horreur (n.f.) _____	stratégique (adj.) _____	
planification (n.f.) _____	• étonner (v.) _____	

Distinguez la prononciation

1. 🕐 5 Complétez avec :
– « g » ou « gu » quand vous entendez [g] ;
– « c », « qu », « k » quand vous entendez [k].

a. Cherche _____onseiller _____ompétent ave_____ du _____aractère.

b. Cherche _____ide pour _____rand _____roupe.

c. Cherche ma_____asin avec _____artes de _____rédits acceptées.

d. Achète _____atre _____ilos de _____âteaux à la _____onfiture.

e. Cherche pa_____ets de ci_____arettes au cho_____olat.

Vérifiez votre compréhension

2. 🕐 6 Écoutez.
Julien cherche du travail.
Il se présente dans une agence
de placement.
Complétez sa fiche.

Nom : BRISEBOIS   **Prénom :** Julien

Adresse postale : _____

Téléphone : _____

Courriel : _____

Formation : _____

Expériences professionnelles : _____

Langues parlées : _____

Centres d'intérêt particuliers : _____

_____

3. 🕐 7 Écoutez. Ils donnent leur opinion sur un film. Notez chaque réaction sur le schéma.

j'ai horreur	*je n'aime pas*	*j'aime plus ou moins*	*j'aime bien*	*j'aime beaucoup*	*j'adore*
1	2	3	4	5	6

Pages Écrits et Civilisation

Vocabulaire

- architecture (n.f.) _____
- bâtiment (n.m.) _____
- catégorie (n.f.) _____
- chômeur (n.m.) _____
- domaine (n.m.) _____
- durée (n.f.) _____
- expression (n.f.) _____
- fonctionnaire (n.m.) _____
- grève (n.f.) _____

- médiathèque (n.f.) _____
- moitié (n.f.) _____
- moteur (n.m.) _____
- occasion (n.f.) _____
- réalisation (n.f.) _____
- salarié (n.m.) _____
- sécurité (n.f.) _____
- sentiment (n.m.) _____
- soin (n.m.) _____

- syndicat (n.m.) _____
- indépendant (adj.) _____
- joint (adj.) _____
- minimum (adj.) _____
- social (adj.) _____
- agréer (v.) _____
- améliorer (v.) _____
- gérer (v.) _____
- impressionner (v.) _____

Apprenez le vocabulaire

1. Cherchez l'intrus.

a. un directeur – un cadre – un salarié – un chef de service – un tableau

b. une demande – l'assurance emploi – un syndicat – une grève – une manifestation

c. une réalisation – une production – une création – une réaction – une invention

d. le chômage – les vacances – les congés – le week-end – la pause

e. un fonctionnaire – un policier – un professeur – un gendarme – un médecin

2. Trouvez le mot d'après la définition (dans la liste de vocabulaire ci-dessus).

a. Il ne trouve pas de travail _____

b. Il fait des projets d'immeubles _____

c. Il fait marcher la voiture _____

d. Un demi _____

e. Ils défendent les salariés _____

f. Faire mieux _____

g. On y trouve des livres, des films, des disques, etc. _____

Vérifiez votre compréhension

3. Dans la lettre de la page 24, repérez les informations suivantes :

a. la formule de début : _____

b. la formule de fin de lettre : _____

c. les informations sur les études : _____

d. l'expérience professionnelle : _____

e. la demande (les souhaits) : _____

f. les raisons de la candidature : _____

g. les qualités qui font la différence : _____

h. les remerciements : _____

4. Lisez ces petites annonces dans la rubrique « Emplois » d'un journal et complétez le tableau.

Type d'annonce	Auteur de l'annonce	Type d'emploi	Précisions (temps, compétences, etc.)
a. offre	étudiante	enseignement de l'espagnol	vacances scolaires
b.			
c.			
d.			
e.			
f.			
g.			

Vacances scolaires
ÉTUDIANTE, bilingue espagnol–français
donne COURS D'ESPAGNOL
tél : 450 132–7508

tél : 450 132–7508
tél : 450 132–7508
tél : 450 132–7508
tél : 450 132–7508
tél : 450 132–7508
tél : 450 132–7508
tél : 450 132–7508
tél : 450 132–7508
tél : 450 132–7508
tél : 450 132–7508

a

Laboratoire médical cherche
CHEF DE PRODUIT

De formation supérieure,
il aura à orienter les choix stratégiques
et à diriger une équipe de dix personnes

Adresser CV et lettre à
rh@labmedprod.qc.ca

d

**TRADUCTRICE TRILINGUE
ANGLAIS/ESPAGNOL**

cherche des traductions techniques,
commerciales ou d'intérêt général
Bonnes qualités rédactionnelles ;
maîtrise des outils informatiques ;
travail à distance.

tradtrilingue@moncourriel.ca

b

Musicien professionnel
donne cours de piano
dans la journée
Tél. 905 144–4647

e

Cherche délégué commercial

➡ Vous avez un **diplôme en commerce
international** et une **formation
en langues étrangères appliquées.**

➡ Vous maîtrisez trois langues
et vous aimez voyager.

Envoyez CV et lettre à :
procom@procom.com

f

Tourisme Montérégie

cherche GUIDE
Attestation d'études collégiales en
tourisme avec une solide formation en
histoire de l'art

➡ Vous avez le goût de la rencontre
avec le public et vous vous exprimez
facilement.
➡ Deux langues exigées

Écrire à :
Madame la Directrice
de Tourisme Montérégie
150, place Charles-Lemoyne, Longueuil
(Québec) CANADA J4K 0A4

c

VOUS CHERCHEZ UN PHOTOGRAPHE

✓ **événements familiaux**
✓ **reportages d'entreprises**
✓ **communication**
✓ **tourisme**

**www. lucasprint.com
ou 514 167–9854**

g

Qu'en pensez-vous ?

☑ parler des événements de la vie politique

☑ lire un bref article de presse d'information

☑ juger un fait, interdire, demander une autorisation

Travail avec les pages Interactions

Vocabulaire

- casier judiciaire (n.m.) _____
- chasseur (n.m.) _____
- cloche (n.f.) _____
- colère (n.f.) _____
- comparution (n.f.) _____
- endroit (n.m.) _____
- gilet (n.m.) _____
- graffiteur (n.m.) _____
- juge (n.m.) _____
- méfait (n.m.) _____
- mère (n.f.) _____

- mur (n.m.) _____
- outil (n.m.) _____
- peine (n.f.) _____
- portrait (n.m.) _____
- procès (n.m.) _____
- propriétaire (n.m.) _____
- randonneur (n.m.) _____
- récréation (n.f.) _____
- règle (n.f.) _____
- vache (n.f.) _____
- véhicule (n.m.) _____

- victime (n.f.) _____
- couvert (adj.) _____
- local (adj.) _____
- accuser (v.) _____
- autoriser (v.) _____
- défendre (v.) _____
- fumer (v.) _____
- garder (v.) _____
- imiter (v.) _____

Vérifiez votre compréhension

1. Lisez les documents des pages 26 et 27. Complétez le tableau.

Documents	Que veut-on interdire ?	Pourquoi ?
Chasseurs contre photographes		
Des vaches...		
Non au cellulaire au volant !		
Irresponsable...		

2. Dans les quatre articles, relevez des expressions qui expriment un sentiment ou une opinion.

Sentiments	Opinions
... le jeune homme reste toujours sceptique devant la sévérité...	Les photographes pensent que...

Apprenez le vocabulaire

3. Complétez avec un verbe qui exprime une opinion.

être sûr que… – imaginer – penser – préciser – trouver – proposer

Avant la réunion

a. Sébastien Cloutier a une heure de retard. Je _____ qu'il ne viendra pas.

b. J'_____ qu'il a une bonne excuse.

c. Il n'a pas téléphoné. Je _____ que ce n'est pas sympa.

d. Je _____ de commencer la réunion sans lui.

e. Attendons un peu. Je _____ qu'il va arriver.

f. Je _____ que la réunion devait commencer il y a plus d'une heure.

4. Ils donnent leur jugement. Indiquez s'ils sont pour (P) ou contre (C) l'accusé.

a. Je le crois responsable. **C**

b. Je regrette qu'on le condamne. _____

c. Je refuse sa défense. _____

d. Je pense qu'il a dit la vérité. _____

e. Les gens qui le défendent ont raison. _____

f. Je dis qu'il est en faute _____

g. Je crois en lui. _____

h. Je suis sûre qu'il a tort. _____

i. Je suis d'accord avec son avocat. _____

5. Lisez les documents. Dites ce qu'ils expriment.

a. un doute _____

b. une revendication _____

c. un souhait _____

d. une protestation _____

e. un jugement _____

> *Nous demandons à être présents à toutes les réunions avec la direction et nous réclamons une meilleure écoute.*
>
> 3

NON AUX IMPÔTS PLUS LOURDS

1

> *Je souhaite que les réceptionnistes soient particulièrement accueillants avec les clients qui ne connaissent pas notre nouvelle organisation.*
>
> 2

> On est séduit par le travail de l'artiste sur la lumière.
>
> 4

> En conclusion, je ne suis pas sûr que ce livre soit pour notre collection « Grand Public ». Peut-être pour « Jeunes Talents »… À voir.
>
> 5

6. Écrivez la signification de ces panneaux.

a. _____

b. _____

c. _____

d. _____

e. _____

Travail avec les pages Ressources

Vocabulaire

• élection (n.f.) _____   poids (n.m.) _____   voter (v.) _____

gramme (n.m.) _____   • municipal (adj.) _____   • seulement _____

piste cyclable (n.f.) _____   • peser (v.) _____

Apprenez la conjugaison du subjonctif

Rappelez-vous

1. Formation du subjonctif présent : radical + terminaison

■ radical : d'après l'infinitif sauf pour certains verbes très courants (*avoir, être, aller*, etc.)

■ terminaisons :
– 1re, 2e, 3e personnes du singulier et 3e personne du pluriel → *-e ; -es ; -e ; -ent* (*comme au présent de l'indicatif*)
– 1e et 2e personnes du pluriel → *-ions ; -iez* (*comme à l'imparfait de l'indicatif*)
Il faut que je travaille, tu travailles, il/elle travaille, nous travaillions, vous travailliez, ils/elles travaillent.

2. Emploi du subjonctif : après certains verbes exprimant :

■ la volonté ou l'obligation : *Je veux que tu finisses. Il faut que je parte.*

■ une préférence : *Je préfère que nous allions au cinéma.*

■ certains sentiments : *Je regrette qu'il soit malade.*

1. Mettez les verbes au subjonctif.

a. Il faut que je (*sortir*) _____   que tu (*faire du sport*) _____

qu'elle (*marcher*) _____   que nous (*se détendre*) _____

que vous (*se promener*) _____   qu' ils (*dormir bien*) _____

b. Je voudrais que tu (*écouter*) _____   qu'il (*lire*) _____

que nous (*écrire*) _____

qu'elles (*faire les exercices*) _____

c. Je regrette que tu (*être en retard*) _____

que nous (*ne pas avoir le temps*) _____

que vous (*perdre du temps*) _____

qu'elles (*être fatigué*) _____

2. Reformulez les phrases comme dans l'exemple.

Partage des tâches

J'ai beaucoup de travail ce samedi matin...

a. Moi, je dois faire mes devoirs. → **Il faut que je fasse mes devoirs.**

b. Toi, Philippe, tu dois aller laver la voiture. → _____

c. Tu dois aussi prendre de l'essence. → _____

d. Les enfants, vous devez ranger votre chambre. → _____

e. Nous devons être prêts à 14 h. → _____

f. Nos amis ne doivent pas nous attendre. → _____

3. Confirmez comme dans l'exemple.

Avant l'examen

a. Je dois réussir cet examen. Il le faut. → Il faut que **je réussisse.**

b. Je dois avoir un bon sujet. → Il faut que _____

c. Les tests seront difficiles. J'en ai peur. → J'ai peur que _____

d. Est-ce que le jury sera sympathique ? Je le souhaite. → Je souhaite que _____

e. Mme Duval sera peut-être dans le jury. J'en ai envie. → J'ai envie que _____

f. Tu ne viendras pas. Je préfère. → Je préfère que _____

4. Mettez les verbes à la forme qui convient.

Petites différences entre amis

a. Tu as envie qu'on (*se voir*) _____ ?

b. Oui, je souhaite que tu (*venir*) _____ .

c. Mais tu sais, je déteste (*attendre*) _____ .

d. Moi, j'adore que tu (*m'attendre*) _____ .

e. Et moi, j'ai horreur que tu (*être en retard*) _____ .

f. Il faut que tu (*comprendre*) _____ .

5. Transformez : faites de ces deux phrases une seule phrase.

Jalousie

a. elle est là tout le temps ; il en a envie → **Il a envie qu'elle soit là tout le temps.**

b. il vient cette fin de semaine ; elle n'en a pas envie → _____

c. elle met de beaux vêtements ; il adore → _____

d. il boit de l'eau ; elle préfère → _____

e. elle part seule ; ça l'étonne → _____

f. elle choisit un autre partenaire ; il a peur → _____

6. Répondez en utilisant les constructions « ne ... que » ou « seulement ».

Elle n'aime pas le changement

a. Tu vas toujours en vacances en Floride ? – **Je ne vais qu'en Floride.**

– **Je vais seulement en Floride.**

b. Tu loges toujours à l'hôtel Riviera ? – _____

c. Tu manges toujours du poisson ? – _____

d. Tu bois toujours du vin ? – _____

e. Tu aimes toujours les endroits tranquilles ? – _____

f. Tu fais toujours du bateau ? – _____

7. Répondez comme dans l'exemple.

Une fille difficile

a. Est-ce qu'elle boit autre chose que de l'eau ? → Non, **elle ne boit que de l'eau.**

b. Est-ce qu'elle mange autre chose que des yogourts ? → Non, _____

c. Est-ce qu'elle lit autre chose que des romans policiers ? → Non, _____

d. Est-ce qu'elle fait un autre sport que le tennis ? → Non, _____

e. Est-ce qu'elle écoute autre chose que Beethoven ? → Non, _____

Vérifiez votre compréhension

8. Relisez ou réécoutez l'histoire « Il faut tout essayer ». Dites si les phrases suivantes sont vraies ou fausses.

	vrai	faux
a. Léa donne souvent de ses nouvelles à Sarah.	☐	☐
b. Léa et Thomas ont un bébé.	☐	☐
c. Léa a créé son entreprise.	☐	☐
d. L'entreprise marche très bien.	☐	☐
e. Léa a du temps libre.	☐	☐
f. Léa a un projet de webtélé original.	☐	☐
g. Léa et Thomas gagnent beaucoup d'argent.	☐	☐

🎧 Entraînement à l'oral

Vocabulaire

• autorisation (n.f.) _____	reine (n.f.) _____	trésor (n.m.) _____
hirondelle (n.f.) _____	reportage (n.m.) _____	webtélé (n.f.) _____
plan d'affaires (n.m.) _____	révolution (n.f.) _____	• extraordinaire (adj.) _____

Prononcez

1. 🎧 **8** Écoutez et distinguez les sons « t » et « d ».

	[t]	[d]
a.		
b.		
c.		
d.		
e.		
f.		

Parlez

2. ⏱ **9** **Donnez des ordres à vos amis comme dans l'exemple.**

a. Réveillez-vous ! → **Il faut que vous vous réveilliez.**

b. Pierre, lève-toi ! → _____

c. Préparons-nous → _____

d. Les enfants, habillez-vous ! → _____

e. Prenez votre déjeuner. → _____

f. Faites votre lit. → _____

Pages Écrits et Civilisation

Vocabulaire

adhésion (n.f.) _____	majorité (n.f.) _____	• constitutionnel (adj.) _____
agriculture (n.f.) _____	Métis (n.m.) _____	• administrer (v.) _____
candidat (n.m.) _____	ministre (n.m.) _____	devancer (v.) _____
circonscription (n.f.) _____	monarchie (n.f.) _____	diviser (v.) _____
citoyen (n.m.) _____	monarque (n.m.) _____	élire (v.) _____
colon (n.m.) _____	parti (n.m.) _____	encourager (v.) _____
compétence (n.f.) _____	pouvoir (n.m.) _____	étendre (s') (v.) _____
crampon (n.m.) _____	préfet (n.m.) _____	gouverner (v.) _____
défense (n.f.) _____	président (n.m.) _____	partager (v.) _____
déneigement (n.m.) _____	province (n.f.) _____	regrouper (v.) _____
député (n.m.) _____	reine (n.f.) _____	succéder (v.) _____
éducation (n.f.) _____	roi (n.m.) _____	se révolter (v.) _____
égout (n.m.) _____	santé (n.f.) _____	unir (s') (v.) _____
gouvernement (n.m.) _____	siège (n.m.) _____	
maire (n.m.), mairesse (n.f.) _____	voix (n.f.) _____	

Vérifiez votre compréhension

1. Lisez le document « Entrée en politique », page 32. Retrouvez :

a. le nombre total de provinces   → _____

b. le nombre de territoires   → _____

c. la superficie du Canada   → _____

d. la date de la création de la confédération   → _____

e. D'où vient le nom « Canada » ?   → _____

2. Qu'est-ce qu'ils font ? Complétez avec un mot de la liste.

élire – choisir – nommer – représenter – diriger

a. Le Monarque _____ le Gouverneur général.

b. Le premier ministre _____ les ministres.

c. Le Gouverneur général _____ le Monarque.

d. Les électeurs _____ les députés.

e. Le maire et le conseil municipal _____ la ville.

C'est tout un programme !

☑ lire un programme de télévision et choisir une émission
☑ lire la presse
☑ raconter une petite histoire
☑ donner des instructions

Travail avec les pages Interactions

Vocabulaire

• astuce (n.f.)	mystère (n.m.)	• familier (adj.)
bourse (n.f.)	parcours (n.m.)	loufoque (adj.)
chaîne (n.f.)	plateau (n.m.)	naval (adj.)
chance (n.f.)	scène (n.f.)	• combler (v.)
chantier (n.m.)	sélection (n.f.)	enquêter (v.)
débat (n.m.)	série (n.f.)	jaser (v.)
enjeu (n.m.)	sommaire (n.m.)	moderniser (v.)
événement (n.m.)	suite (n.f.)	rapporter (v.)
forfait (n.m.)	talent (n.m.)	zapper (v.)
information (n.f.)	télécommande (n.f.)	
ingéniosité (n.f.)	truc (n.m.)	

Vérifiez votre compréhension

1. Lisez le document des pages 34 et 35. Reliez le titre et le sujet de l'émission.

a. Matière grise

b. Bazzo.tv

c. Décompte MusiquePlus

d. Soleil tout inclus

e. Les coulisses du pouvoir

f. Le Cuisinier Rebelle

g. Thalassa

h. Hockey 360

1. les voyages

2. la politique

3. l'actualité

4. l'écologie

5. les inventions

6. le sport

7. la chanson

8. la gastronomie

Apprenez le vocabulaire

2. Complétez avec un verbe de la liste.

analyser – animer – commenter – enquêter – interviewer – présenter – raconter

a. Dans « Le Téléjournal », l'animatrice _____ le maire de Montréal.

b. Pierre Houde et Marc Denis _____ les matchs de hockey sur RDS.

c. Dans l'émission « Kiosque », des spécialistes _____ les nouvelles internationales.

d. Dans l'émission « Enquête », les journalistes _____ sur les cas de corruption politique.

e. C'est Philo Lirette qui _____ le « Décompte MusiquePlus ».

f. Alexandre Barrette _____ le jeu « Atomes crochus » sur V Télé.

3. Trouvez les noms correspondant aux verbes de l'exercice 3.

a. analyser → **une analyse**

b. animer → _____

c. commenter → _____

d. enquêter → _____

e. interviewer → _____

f. présenter → _____

Travail avec les pages Ressources

Vocabulaire

- comédien (n.m.) _____
- doucement
- rapidement

Utilisez les constructions relatives

1. Reliez les deux phrases en utilisant un pronom relatif *(qui, que, où)*.

Dans le courrier des lecteurs du magazine TV

a. J'ai vu l'émission « Flip ». Elle m'a beaucoup plu.

_____

b. J'ai regardé « Soleil tout inclus ». J'ai appris beaucoup de choses sur la République dominicaine.

_____

c. Je regarde chaque semaine l'émission « Aubaines et Cie ». Elle me permet de prendre les meilleures décisions sur les achats.

_____

d. J'aime bien l'émission « Tout le monde en parle ». Je ne la manque jamais.

_____

e. Je suis mélomane, je suis accro à « Vidéodose ». On y propose toujours les meilleurs clips.

_____

f. « Hockey 360 » est une très bonne émission sur le hockey. Je la regarde très souvent.

_____

2. Complétez avec « qui », « que », « où »…

L'Ontario

a. L'Ontario est une province _____ il fait bon vivre.

b. C'est une province _____ séduit les touristes.

c. Toronto avec son Festival international du film est la ville _____ visitent les amateurs de cinéma du monde entier.

d. Connaissez-vous la ville _____ siège le gouvernement du Canada ? Ottawa bien sûr, la capitale du pays !

e. Mike Myers, Ryan Gosling et Jim Carey sont trois acteurs _____ sont nés en Ontario.

f. Les chutes du Niagara sont une merveille naturelle _____ l'on admire beaucoup.

3. Caractérisez avec une proposition relative. Transformez selon le modèle.

a. *La dame avec un fusil et des lunettes noires* → **La dame qui a un fusil et des lunettes noires**

b. *Le garçon aux cheveux verts* → _____

c. *L'homme à l'oreille cassée* → _____

d. *La fille à la valise* → _____

e. *La femme aux deux visages* → _____

4. Conseillez comme dans l'exemple.

a. L'Estrie est une belle région. Visitez-la ! → **Visitez l'Estrie qui est une belle région.**

b. Magog est une belle ville. Allez la voir. → _____

c. La tourtière du lac Brome est un très bon plat. Goûtez-le. → _____

d. Garou chante à Sherbrooke. Allez l'écouter. → _____

5. Répondez en choisissant la deuxième possibilité.

a. Vous étudiez le chinois ou le français ? → **C'est le français que j'étudie.**

b. Vous allez au Mexique ou à Cuba ? → _____

c. Vous cherchez une chambre ou un studio ? → _____

d. Vous suivez des cours à l'université ou au centre culturel ? → _____

e. Vous préférez le vin ou la bière ? → _____

Caractérisez les actions

6. Placez l'adverbe.

Quelle journée !

a. Nous avons travaillé (*beaucoup*). → _____

b. Nous avons développé le projet (*très bien*). → _____

c. Nous avons pris les bonnes décisions (*rapidement*). → _____

d. Nous avons avancé dans les recherches (*bien*). → _____

e. Nous sommes contents du résultat (*assez*). → _____

f. Nous sommes sortis du bureau (*très tard*). → _____

7. Caractérisez les actions avec «en + participe présent ».

Habitudes

a. Ils soupent. En même temps, ils regardent la télévision. → **Ils soupent en regardant la télévision.**

b. Je travaille. En même temps, j'écoute de la musique. → _____

c. Elle zappe. En même temps, elle téléphone. → _____

d. Il est au travail en cinq minutes. C'est parce qu'il passe par le centre-ville. → _____

e. Il a eu le poste de directeur. C'est parce qu'il a beaucoup travaillé. → _____

f. Il a gagné beaucoup d'argent. C'est parce qu'il a joué à la Loto. → _____

Vérifiez votre compréhension

8. Lisez ou réécoutez l'histoire « Il faut tout essayer ». Répondez à ces questions.

a. Pourquoi Léa est-elle passée à la télévision ? – _____

b. Est-ce qu'elle est à l'aise avant l'émission ? – _____

c. Est-ce qu'on parle de l'émission dans les journaux ? – _____

d. Où va Léa à la fin de l'histoire ? – _____

e. Qui est M. Andriavolo ? – _____

f. Quelle histoire raconte-t-il ? – _____

🎧 Entraînement à l'oral

Vocabulaire

• archive (n.f.) _____	invention (n.f.) _____	descendre (v.) _____
article (n.m.) _____	plantation (n.f.) _____	étonner (v.) _____
baobab (n.m.) _____	plateau (n.m.) _____	lever (v.) _____
branche (n.f.) _____	producteur (n.m.) _____	planter (v.) _____
commencement (n.m.) _____	racine (n.f.) _____	punir (v.) _____
dieu (n.m.) _____	toast (n.m.) _____	retenir (v.) _____
escalier (n.m.) _____	• ancestral (adj.) _____	sourire (v.) _____
feuille (n.f.) _____	formidable (adj.) _____	• à l'envers _____
fleur (n.f.) _____	orgueilleux (adj.) _____	vers _____
honneur (n.m.) _____	• admirer (v.) _____	

Prononcez et distinguez

1. 🕐 10 Écoutez. Barrez ce qui n'est pas prononcé.

a. ce n'est pas grave

b. je ne l'ai pas vu

c. je viens d'arriver

d. je ne sais pas

e. je n'en sais rien

f. eh bien

g. pas encore

h. vous aussi

2. 🕦 **11 Écoutez. Classez les expressions dans le tableau.**

	surprise	satisfaction	déception
Vraiment !....			
Ça alors !			
Ça ne fait rien.			
Dommage !			
C'est vrai ?			
Trop fort !			
Ah ! C'est bien...			
Pas mal !			
La prochaine fois, peut-être.			

Parlez

3. 🕦 **12 Transformez en utilisant « qui », « que », « où ».**

Accro à Internet

a. J'attends un message ; il n'est pas arrivé.

→ **J'attends un message qui n'est pas arrivé.**

b. J'ai enregistré le film ; tu as vu le film hier.

→ _____

c. Je me suis connecté sur un site ; il y a beaucoup d'informations.

→ _____

d. J'ai téléchargé de la musique ; j'écoute cette musique tout le temps.

→ _____

e. J'ai programmé une émission ; cette émission est très amusante.

→ _____

Pages Écrits et Civilisation

Vocabulaire

- baisse (n.f.) _____

contrat (n.m.) _____

culture (n.f.) _____

dignité (n.f.) _____

exposition (n.f.) _____

fil (n.m.) _____

intérêt (n.m.) _____

livraison (n.f.) _____

meneur (n.m.) _____

page (n.f.) _____

participant (n.m.) _____

restauration (n.f.) _____

ski de fond (n.m.) _____

titre (n.m.) _____

- essentiel (adj.) _____

féminin (adj.) _____

présent (adj.) _____

- comparer (v.) _____

étendre (v.) _____

franchir (v.) _____

informer (v.) _____

servir (v.) _____

- ensuite _____

Vérifiez votre compréhension

1. Lisez les articles de la page 40. Dites si ces informations sont vraies ou fausses.

	vrai	faux
a. La province de l'Ontario améliore le transport en commun.	☐	☐
b. Un Américain a donné 100 000 dollars pour la restauration de l'église d'Aurignac.	☐	☐
c. L'exposition Picasso a été l'exposition la plus visitée du Musée des beaux-arts de l'Ontario.	☐	☐
d. Anton Gafarov a pu terminer le sprint en ski de fond à Sotchi.	☐	☐
e. L'entraineur canadien n'a pas voulu aider le skieur russe.	☐	☐
f. Le contrat avec GO Transit représente une perte de 250 emplois.	☐	☐
g. Les Français ont une passion pour la culture américaine.	☐	☐

2. Lisez le texte « Comment les Canadiens s'informent », page 41. Caractérisez ces quotidiens.

a. *Le Devoir* : _____

b. *Le Métropolitain* : _____

3. Voici des titres : identifiez le type de magazine.

a. *TV Hebdo* : _____   **d.** *Écho Vedettes* : _____

b. *Chatelaine* : _____   **e.** *Les Affaires* : _____

c. *L'actualité* : _____

4. Voici quelques brèves de presse internationale. Lisez-les et complétez le tableau.

La Fête de la musique... en silence

Comme chaque année, le 21 juin annonce en fanfare l'été avec la Fête de la musique. Un programme varié et partagé partout en France jusqu'à se demander ce que serait un monde sans musique. « Aujourd'hui la musique se consomme au lieu de s'écouter, constate Christian Olivier, le chanteur du groupe Têtes raides. Je propose donc de faire une pause silence afin de s'interroger sur la place de la musique. Car le silence en fait aussi partie. »

D'après *Contact*, le magazine des adhérents de la FNAC.

1

Ils fêtent le Nouvel An avec un jour d'avance

Des milliers de personnes se sont rassemblées le soir du 30 décembre sur la Puerta del Sol, la célèbre place du centre de Madrid, pour célébrer l'arrivée de 2015 avec un jour d'avance. La foule a poussé des acclamations lorsque l'horloge de la Real Casa de Correos a frappé les douze coups de minuit, 24 heures avant le début officiel de l'année 2015.

Les responsables de la municipalité testent chaque année ce carillon le 30 décembre pour s'assurer qu'il fonctionnera correctement le 31, et une foule toujours plus grande chaque année vient sur la place pour assister à cet essai et célébrer en avance le passage à la nouvelle année.

D'après *Agence France-Presse*

3

COURS D'HISTOIRE NATIONALE

Les étudiants québécois du primaire au cégep recevront des cours d'histoire nationale dès septembre 2014. Pour les élèves du secondaire et du primaire, seulement quelques écoles, celles qui participeront à un projet pilote, utiliseront le nouveau programme dès 2014. Au niveau collégial, le ministre de l'éducation souhaite que les cohortes qui feront leur rentrée à l'automne 2014 suivent ce nouveau cours qui sera obligatoire, puisqu'il sera implanté au sein de la formation commune.

D'après *Agence QMI*

2

Régime municipal

À Varallo, petite ville de Lombardie, en Italie, les habitants peuvent devenir riches en maigrissant. S'ils perdent 4 kilos en un mois, ils reçoivent 50 euros et si, après trois mois, ils n'ont pas repris de poids, ils toucheront 300 euros. Et 500 euros après un an. On a trouvé une dizaine de candidats pour l'instant.

4

	1	2	3	4
Où se passe l'événement ?				
Quand ?				
Que s'est-il passé ?				
Quels sont les acteurs ?				

Préparation au DELF A2

• Compréhension orale

🎧 13 Écoutez les portraits robots et retrouvez les infos qui correspondent à chacun des portraits.

	âge	taille	yeux	cheveux	habits	chaussures	signes particuliers
Jeune homme							
Jeune femme							
Arthur							
Vieux monsieur							

• Production orale

Observez ces répliques. À quelles situations peuvent-elles correspondre ?

	demande	conflit	problème
a. Je ne pense pas.			
b. Pouvez-vous m'expliquer ?			
c. Vous croyez vraiment que c'est possible ?			
d. J'aimerais savoir si…			
e. Qu'est-ce que vous proposez ?			
f. Je ne suis pas d'accord avec cet argument.			
g. Je crois que vous vous trompez.			
h. C'est difficile à savoir…			
i. Vous comprenez ça comme ça ?			
j. Ça m'étonnerait.			
k. Vous ne trouvez pas que…			
l. On ne peut pas dire ça comme vous le présentez.			

• Compréhension écrite

Lisez les titres et trouvez la rubrique qui convient.

a. **LAURE NAGE SUR L'OR**

b. **LA FRANCOPHONIE S'INVITE AU SALON DU LIVRE**

c. Fête de la musique. **TOUT LE MONDE DANS LA RUE**

d. **AUDREY TAUTOU POUR DÉCHIFFRER LE DA VINCI CODE**

e. **RENTRÉE SCOLAIRE : OÙ VA L'ÉCOLE ?**

f. **ÉNERGIE : LE SOLAIRE SE PORTE BIEN**

g. Vacances. **UN TIERS DES FRANÇAIS CHOISISSENT LA MONTAGNE**

h. **AIR : UN NOUVEAU DISQUE QUI PLANE**

i. **UNE MAJORITÉ POUR LE PRÉSIDENT**

	a.	b.	c.	d.	e.	f.	g.	h.	i.
Environnement									
Musique									
Livre									
Politique									
Société									
Sport									
Cinéma									

• Production écrite

Rédigez votre CV.

Nom : _____   Prénom : _____

Adresse : _____

_____

N° de téléphone : _____

Courriel : _____

Âge : _____

État civil : _____

Formation : _____

_____

_____

_____

_____

_____

Expériences professionnelles : _____

_____

_____

_____

_____

_____

_____

Langues (niveau : parlé - compris) : _____

Sports pratiqués : _____

On se retrouve

Vous allez apprendre à :

☑ demander et donner des nouvelles de quelqu'un
☑ écrire des lettres ou messages de prise de contact
☑ employer et conjuguer les quatre temps de l'indicatif

Travail avec les pages Interactions

Vocabulaire

- bagage (n.m.)
- construction (n.f.)
- explication (n.f.)
- lendemain (n.m.)
- maximum (n.m.)
- orthographe (n.f.)
- renseignement (n.m.)
- reporter (n.m.)

- test (n.m.)
- traduction (n.f.)
- auditif (adj.)
- dépendant (adj.)
- proche (adj./n.)
- réfléchi (adj.)
- sonore (adj.)
- spontané (adj.)

- baisser (v.)
- balbutier (v.)
- emporter (v.)
- illuminer (v.)
- jeter (se) (à l'eau) (v.)
- retenir (v.)
- aise (à l') (expr.)
- même

1. Apprenez le vocabulaire. Trouvez l'intrus. Dites pourquoi le mot est intrus.

a. un jeu de rôle – une étude de texte – un test – **un diplôme.** → **Ce n'est pas une activité de la classe.**

b. un roman – un cahier – un dictionnaire – un guide touristique. → _____

c. l'Internet – les jeux vidéo – la poésie – le wifi. → _____

d. la science – la grammaire – le vocabulaire – l'orthographe. → _____

e. une explication – une expression – une traduction – un exercice. → _____

2. Trouvez le verbe correspondant au nom.

a. la validation → **valider**
b. l'explication →
c. la transcription →
d. la connaissance →

e. le savoir →
f. la demande →
g. la traduction →

3. Complétez avec un mot de la liste.

l'explication – l'étude – le dossier – la connaissance – l'analyse.

a. Passez-moi _____ de cette affaire.

b. J'aimerais connaître votre _____ de la situation.

c. Quelles _____ donnez-vous de ce phénomène ?

d. Existe-t-il d'autres _____ sur le sujet ?

e. Non, pas à ma _____.

4. Complétez l'expression imagée avec un verbe de la liste.

apprendre – comprendre – écrire – se jeter – lire – traduire.

a. Elle avait peur de participer au débat. Puis elle **s'est jetée** à l'eau.

b. En signant les accords de coopération, les deux présidents ont _____ une page de l'histoire.

c. Ma collègue ne m'aime pas. Je peux le _____ dans ses pensées.

d. Marie et moi, on n'a pas besoin de se parler beaucoup. On se _____ à demi-mot.

e. Louis est bavard en classe. Le professeur l'a puni. Ça lui _____ à vivre.

f. Le poème d'Émile Nelligan « Soir d'hiver » _____ les sentiments de tristesse du poète.

5. Trouvez le substantif.

a. Il est spontané. J'aime sa _____.

b. Elle est réfléchie. Avant d'agir, elle fait preuve de _____.

c. Il est indépendant. Très jeune, il a voulu avoir son _____.

d. Elle est curieuse. Sa _____ est quelquefois gênante.

e. Il est charmant. Toutes les femmes trouvent qu'il a du _____.

Travail avec les pages Ressources

Vocabulaire

• leçon (n.f.) _____   • promettre (v.) _____

1. Révisez les conjugaisons. Mettez les verbes à la forme qui convient.

	Présent	**Imparfait**	**Futur**
Donner	Je _____ Tu _____	Il _____ Nous _____	Vous _____ Ils _____
Retenir	Elle _____ Nous _____	Vous _____ Elles _____	Je _____ Tu _____
Comprendre	Vous _____ Ils _____	Je _____ Tu _____	Il _____ Nous _____
Finir	Je _____ Tu _____	Elle _____ Nous _____	Vous _____ Elles _____

Rappelez-vous

La conjugaison des verbes au présent

- Un seul radical → parler
- Un radical pour « je », « tu », « il », « ils »
  Un radical pour « nous », « vous » → jeter
- Un radical pour « je », « tu », « il »
  Un radical pour « nous », « vous », « ils » → savoir
- Un radical pour « je », « tu », « il »
  Un radical pour « nous », « vous »
  Un radical pour « ils » → prendre
- Quatre ou cinq radicaux → être

2. Classez les verbes suivant le nombre de radicaux.

Verbes	Nombre de radicaux 1	2	3	Verbes	Nombre de radicaux 1	2	3
a. retenir	☐	☐	☐	**h.** réfléchir	☐	☐	☐
b. baisser	☐	☐	☐	**i.** penser	☐	☐	☐
c. finir	☐	☐	☐	**j.** jeter	☐	☐	☐
d. pouvoir	☐	☐	☐	**k.** partir	☐	☐	☐
e. balbutier	☐	☐	☐	**l.** lire	☐	☐	☐
f. apprendre	☐	☐	☐	**m.** écouter	☐	☐	☐
g. préférer	☐	☐	☐	**n.** savoir	☐	☐	☐

3. Faites des vœux pour le futur. Mettez les verbes à la forme qui convient.

Cette année, j' (*organiser*) _____ mieux mon travail. Je (*finir*) _____ moins tard.

Tu (*venir*) _____ me voir un week-end sur deux. Nous (*pouvoir*) _____ partir plus

longtemps en vacances.

Je (*faire*) _____ du sport plus souvent. Nous (*aller*) _____ ensemble à la piscine.

4. Malentendus et explications. Mettez les verbes au passé composé ou à l'imparfait.

a. Il est 20 h 30. Tu es encore en retard ! Nous (*avoir*) _____ rendez-vous à 20 h.

– Tu m' (*dire*) _____ de ne pas venir trop tôt. Tu n' (*être*) _____ pas sûr d'être à l'heure au rendez-vous.

b. Qu'est ce que tu (*faire*) _____ quand tu (*sortir*) _____ du bureau ?

– Il (*faire*) _____ beau. Je (*se promener*) _____ . Je (*revoir*) _____ une vieille amie,

nous (*parler*) _____ , nous (*prendre*) _____ un café et l'heure (*passer*) _____ . Et voilà !

5. Mettez les verbes au temps qui convient.

Lucie vient de retrouver un ancien ami.

« Quelle surprise ! Miracle d'Internet… Je (*retrouver*) _____ l'adresse de Martin sur un site professionnel. Quand

je (*recevoir*) _____ sa dernière lettre, il (*vivre*) _____ en Ouzbékistan. Aujourd'hui, il (*travailler*)

_____ en Californie. Nous (*échanger*) _____ des messages. Puis il (*venir*) _____

à Montréal. Nous (*passer*) _____ deux belles journées ensemble. Il (*arriver*) _____ par avion le

matin ; il (*faire*) _____ très beau. Nous (*se promener*) _____ dans les vieilles rues du

Vieux-Montréal : il (*aimer*) beaucoup _____ le Vieux-Port où nous (*s'embrasser*) _____ en

secret comme autrefois. Nous (*s'asseoir*) _____ à une terrasse de café de la place Jacques-Cartier

où il me (*raconter*) _____ toutes ces années passées. »

6. Donnez des conseils.

a. (*organiser*) _____ mieux votre travail.

b. (*apprendre*) _____ à programmer vos activités.

c. (*faire*) _____ la liste des priorités.

d. (*attendre*) _____ le meilleur moment pour prendre rendez-vous.

e. (*commencer*) _____ et (*finir*) _____ vos réunions à l'heure.

f. (*écrire*) _____ vos rapports rapidement.

🎧 Entraînement à l'oral

Vocabulaire

• boulot (n.m.) _____

chalet (n.m.) _____

informatique (n.f.) _____

site (n.m.) _____

styliste (n.m. ou n.f.) _____

tenue (n.f.) _____

• double (adj.) _____

enchanteur (adj.) _____

immobilier (adj.) _____

• obliger (v.) _____

• au fait (expr.) _____

courant (au – de) (expr.) _____

• en bordure de _____

Prononcez

1. 🕐 14 Écoutez les phrases. Barrez les « e » non prononcés.

• L'acteur :

Je joue   J'ai joué   Je jouerai

• Le chanteur :

Je chante   J'ai chanté   Je chanterai

• Le directeur :

Je décide   J'ai décidé   Je déciderai

• L'élève :

Je répète   J'ai répété   Je répéterai

Vérifiez votre compréhension

2. Répondez aux questions sur l'histoire.

a. Qui envoie le message ? _____

b. Que veut-elle fêter ? _____

c. Où veut-elle organiser la fête ? _____

d. À qui envoie-t-elle le message ? _____

e. Où habite Anne-Sophie ? _____

f. Qui est divorcée ? _____

g. Que fait Louis ? _____

h. Quelle entreprise dirige Rodrigo ? _____

Parlez

3. ⏱ 15 « Savoir » ou « connaître » ? Répondez « Je sais » ou « Je connais ».

a. Où elle habite ? **Je sais où elle habite.**

b. Et son adresse ? _____

c. Comment on y va ? _____

d. À quel étage elle habite ? _____

e. Le code de la porte ? _____

f. Le nom de son ami ? _____

4. ⏱ 16 Construction des verbes « se souvenir » et « se rappeler ». Répondez aux questions.

a. François, tu t'en souviens ? **Je me souviens de François.**

b. Ces vacances, tu t'en souviens ? _____

c. Le nom de l'hôtel, tu te le rappelles ? _____

d. Les matchs sur la plage, tu t'en souviens ? _____

e. Les soirées au restaurant, tu te les rappelles ? _____

f. Les sorties en bateau, tu t'en souviens ? _____

Pages Écrits et Civilisation

Vocabulaire

- agence (n.f.) _____
- blonde (n.f. pop.) _____
- célibataire (n.) _____
- chum (n.m. pop.) _____
- chorale (n.f.) _____
- considération (n.f.) _____
- côté (n.m.) _____
- déficience (n.f.) _____
- endroit (n.m.) _____
- immigration (n.f.) _____
- intention (n.f.) _____
- intérêt (n.m.) _____
- invitation (n.f.) _____
- maman (n.f.) _____

- résidence (n.f.) _____
- salutation (n.f.) _____
- sortie (n.f.) _____
- autonome (adj.) _____
- dévoué (adj.) _____
- disponible (adj.) _____
- mental (adj.) _____
- positif (adj.) _____
- respectueux (adj.) _____
- sincère (adj.) _____
- accepter (v.) _____
- accorder (v.) _____
- approfondir (v.) _____
- contacter (v.) _____

- consulter (v.) _____
- développer (se) (v.) _____
- discuter (v.) _____
- distinguer (v.) _____
- encourager (v.) _____
- occuper (un lieu) (v.) _____
- permettre (v.) _____
- télécharger (v.) _____
- avance (par) (expr.) _____
- cordialement _____
- dehors _____
- grâce à (expr.) _____

Unité 2

1. Associez le début ou la fin du message.

a. Salut !
b. Madame la directrice
c. Cher Monsieur
d. Madame la ministre
e. Cher Patrick

1. Considération distinguée.
2. Salutations les meilleures.
3. Bises.
4. Cordialement.
5. Salutations distinguées.

2. Trouvez le type d'annonce : professionnel, commercial, amical ou convivial ?

Tu es funkie, ça se passe au METROPOLIS... ★★☆☆ tu es la bienvenue.

a. _____

Je me réjouis de vous rencontrer à cette occasion. Nous pourrons examiner ensemble vos propositions.

c. _____

Vous cherchez comment vous en débarrasser ?
👍 Votre solution : 555 012-4000

b. _____

Nous vous attendons toutes et tous à partir de 12 heures au Clos Joli.

d. _____

3. Vous cherchez à vous loger et vous prenez contact avec le Département d'accueil des étudiants étrangers. Rédigez la lettre avec les éléments suivants.

- *Pour commencer :* Madame, Monsieur, Madame la directrice, Monsieur le directeur
- *Se présenter :* qui je suis, ce que je fais...
- *Ce que je cherche :* une chambre, un studio, un appartement à partager (en colocation)...
- *Pour combien de temps :* 3 mois, 6 mois, un an...
- *À quel prix :* à partir de...
- *Votre disponibilité pour prendre contact*
- *Formule de politesse*

_____
_____
_____
_____
_____

4. Relisez le témoignage de Katia, page 57. Complétez le tableau.

Quelle est sa situation familiale ?	
Que cherche-t-elle ?	
Comment cherche-t-elle ?	
Réussit-elle à trouver ce qu'elle cherche ?	

C'est la fête !

Vous allez apprendre à :

☑ exprimer des goûts et des préférences
☑ vous familiariser avec la gestion du temps par les Français
☑ utiliser les pronoms objets directs et indirects

Travail avec les pages Interactions

Vocabulaire

• accent (n.m.)	lanceur (n.m.)	avoir lieu (v.)
attraction (n.f.)	lutte (n.f.)	courir (v.)
bal (n.m.)	manège (n.m.)	déguiser (se) (v.)
carriole (n.f.)	masque (n.m.)	désigner (v.)
char (n.m.)	orchestre (n.m.)	implanter (v.)
chêne (n.m.)	province (n.f.)	importer (v.)
combat (n.m.)	réjouissance (n.f.)	lancer (v.)
compétition (n.f.)	sève (n.f.)	maquiller (se) (v.)
cor (n.m.)	stade (n.m.)	prévoir (v.)
cortège (n.m.)	traîneau (n.m.)	proposer (v.)
course (n.f.)	tuque (n.f.)	rater (v.)
crise (n.f.)	vainqueur (n.m.)	remporter (v.)
défilé (n.m.)	vallée (n.f.)	rire (v.)
épreuve (n.f.)	• allégorique (adj.)	tenter (v.)
érable (n.m.)	celtique (adj.)	battre son plein (expr.)
foire (n.f.)	• afficher (v.)	• à proximité
folklore (n.m.)	affluer (v.)	sans doute
glissade (n.f.)	assister (v.)	

1. Apprenez le vocabulaire. Dans la liste ci-dessus, trouvez les mots qui appartiennent aux thèmes suivants :

a. Les sports : **une course,** _____

b. Les fêtes et les foires : _____

_____

c. La musique : _____

2. Associez le verbe et le sujet de conversation.

a. rire	**1.** les vêtements
b. attirer	**2.** le commerce
c. déguiser (se)	**3.** les sports
d. maquiller (se)	**4.** une rencontre amoureuse
e. importer	**5.** la beauté
f. courir	**6.** un examen
g. rater	**7.** une histoire drôle

3. Complétez avec les mots de la liste.

un accent – un manège – un masque – une province – vainqueur.

a. Les enfants adorent monter sur _____ de la Ronde.

b. L'Alberta est une _____ du Canada.

c. Pedro parle français avec un léger _____ espagnol.

d. Dans l'Antiquité, les acteurs du théâtre grec portaient des _____.

e. Le plongeur Alexandre Despatie est sorti _____ de l'épreuve du tremplin de 3 m.

4. Les emplois figurés. Complétez avec un verbe de la liste.

déguiser – rater – attirer – ancrer – lancer – préciser.

Le premier ministre a fait un discours à la télévision.

a. Il a _____ l'attention des téléspectateurs sur les résultats de sa politique.

b. Il a _____ son discours dans la réalité en donnant de nombreux exemples.

c. Il a _____ sa pensée sur la politique étrangère du pays.

d. Il a _____ un appel aux entreprises.

e. Mais il a _____ la vérité quand il a parlé de la baisse du chômage.

f. Et il a _____ son effet quand il a annoncé une baisse des impôts.

5. Relisez la page « Fêtes et traditions sans frontières » : associez chaque fête à son pays d'origine.

a. Carnaval de Québec   → _____

b. Fête fédérale de lutte   → _____

c. Temps des sucres   → _____

d. Saint-Patrick   → _____

Travail avec les pages Ressources

Vocabulaire

• canoë (n.m.) _____   rivière (n.f.) _____

1. Répondez aux questions en utilisant un pronom.

Prix du roman policier

a. Tu connais l'auteur ? – **Oui, je le connais.**

b. Tu as lu son dernier livre ? – _____

c. Tu as aimé l'histoire ? – _____

d. Tu achètes souvent des romans policiers ? – _____

e. Tu aimes aussi les films policiers ? – _____

2. Remplacez les mots soulignés par un pronom pour éviter les répétitions.

Un éditeur rencontre un auteur de bandes dessinées.

a. J'ai rencontré Michel Rabagliati, l'auteur de bandes dessinées. J'ai invité <u>Michel Rabagliati</u> à dîner.

_____

b. J'ai vu ses projets. J'ai trouvé <u>ses projets</u> passionnants.

_____

c. Je lui ai fait des propositions. Il a trouvé ces <u>propositions</u> intéressantes.

_____

d. Je lui ai demandé un exemplaire de son dernier album. Il m'a donné <u>un exemplaire de son dernier album</u>.

_____

e. Il m'a aussi montré ses photos. Il a fait <u>des photos</u> en 3D.

_____

3. Complétez avec un pronom.

Lettre d'Afrique

« Nous habitons depuis deux ans dans un petit village de l'Afrique de l'Ouest. Je suis professeur d'école et Chloé étudie les langues

locales. Les gens _____ ont bien accueillis. Chloé va voir les habitants. Elle _____ demande de chanter des

chansons traditionnelles. Ils _____ racontent l'histoire de leur village. Je _____ accompagne souvent.

Elle _____ remplace aussi à l'école. Beaucoup d'enfants viennent de loin. Nous _____ donnons un repas

traditionnel. Les femmes du village _____ préparent et _____ distribuent aux enfants. »

4. Répondez.

a. Tu es allé à l'anniversaire d'Anita ?

– Oui, **j'y suis allé**.

b. Elle se souvient encore de moi ?

– Oui, _____

c. Tu as fait un cadeau ?

– Oui, _____

d. Elle a toujours la nostalgie du Brésil ?

– Oui, _____ la nostalgie.

e. Tu as pensé à parler de notre prochain voyage au Brésil ?

– Oui, _____

f. Elle t'a donné une adresse pour loger à Recife ?

– Non, _____

5. Accordez.

a. La lettre, je l'ai **écrite**.

b. La pièce de théâtre, je l'ai (*traduire*) _____.

c. La photo, je l'ai (*faire*) _____.

d. L'exposition, je l'ai (*voir*) _____.

e. La vidéo, je l'ai (*produire*) _____.

🌐 Entraînement à l'oral

Vocabulaire

• cuillère (n.f.) _____	secret (n.m.) _____	particulier (adj.) _____
cuistot (n.m.) _____	tranche (n.f.) _____	• déconcentrer (v.) _____
kayak (n.m.) _____	• affreux (adj.) _____	faire plaisir (v.) _____
recette (n.f.) _____	concentré (adj.) _____	résister (v.) _____
retrouvailles (n.f.pl.) _____	désagréable (adj.) _____	servir (v.) _____
sauce (n.f.) _____	fin (adj.) _____	• valoir (mieux) (v.) _____

Prononcez

1. 🕐 17 **Écoutez et notez.**

	le	la	les
a.			
b.			
c.			
d.			
e.			

Vérifiez votre compréhension

2. Avez-vous bien compris l'histoire ?

a. Dans quelle région se retrouve le groupe d'amis ? _____

b. Comment Anne-Sophie appelle-t-elle Geneviève ? _____

c. Que font Karine et Mathieu ? _____

d. Est-ce que Jean-Philippe connaît Arielle ? _____

e. Quel plat prépare Rodrigo ? _____

f. Quel gâteau a fait Jean-Philippe ? _____

g. Est-ce que Louis fait aussi la cuisine ? _____

3. 🕐 18 **Écoutez ces instructions sur la préparation d'une tarte aux abricots (à faire après le travail sur la page Écrits). Cochez les cases correspondant à chaque instruction. Remettez les instructions et les dessins dans l'ordre.**

1. ☐

2. ☐

3. ☐

4. ☐

5. ☐

6. ☐

7. ☐

8. ☐

Ordre des instructions : _____

Parlez

4. ⏱ **19 Répondez en utilisant un pronom.**

a. Tu cherches la rue Guy ? – **Je la cherche.**

b. Tu cherches tes amis ? _____

c. Tu cherches des places pour le spectacle ? _____

d. Tu cherches un cadeau pour Louis ? _____

e. Tu cherches le restaurant « L'assiette » ? _____

f. Tu penses à ton travail ? _____

g. Tu as préparé la randonnée ? _____

Pages Écrits et Civilisation

Vocabulaire

• ail (n.m.) _____	marmite à pression (n.f.) _____	• amer (adj.) _____
amande (n.f.) _____	moule (n.f.) _____	frais (adj.) _____
bol (n.m.) _____	moule (n.m.) _____	hanté (adj.) _____
bouteille (n.f.) _____	moutarde (n.f.) _____	sec (adj.) _____
calendrier (n.m.) _____	nappe (n.f.) _____	• arroser (v.) _____
canard (n.m.) _____	oie (n.f.) _____	bouillir (v.) _____
carafe (n.f.) _____	oignon (n.m.) _____	chauffer (v.) _____
casserole (n.f.) _____	parcours (n.m.) _____	coller (v.) _____
commémoration (n.f.) _____	pâte (n.f.) _____	cuire (v.) _____
corbeille (n.f.) _____	persil (n.m.) _____	découper (v.) _____
couteau (n.m.) _____	poêle (n.f.) _____	déferler (v.) _____
cuisson (n.f.) _____	poivre (n.m.) _____	disposer (v.) _____
demeure (n.f.) _____	poudre (n.f.) _____	essuyer (v.) _____
émotion (n.f.) _____	poule (n.f.) _____	étaler (v.) _____
épice (n.f.) _____	réveillon (n.m.) _____	frire (v.) _____
fève (n.f.) _____	saladier (n.m.) _____	gonfler (v.) _____
foulée (n.f.) _____	seau (n.m.) _____	percer (v.) _____
fourchette (n.f.) _____	sel (n.m.) _____	piquer (v.) _____
framboise (n.f.) _____	serviette (n.f.) _____	placer (v.) _____
goutte (n.f.) _____	talent (n.m.) _____	poivrer (v.) _____
huile (n.f.) _____	tasse (n.f.) _____	retirer (v.) _____
huître (n.f.) _____	thym (n.m.) _____	saupoudrer (v.) _____
ingrédient (n.m.) _____	tourtière (n.f.) _____	verser (v.) _____
laurier (n.m.) _____	trou (n.m.) _____	
lumière (n.f.) _____	vinaigre (n.m.) _____	

1. Trouvez l'intrus.

a. un canard – une oie – une marmite à pression – une dinde – une poule.

b. une framboise – un melon – une fraise – des raisins – une fève.

c. le sel – l'huile – le poivre – la poudre – le vinaigre.

d. le four –la nappe – la poêle – le moule – la casserole.

e. le saumon – l'huître – l'oignon – la moule – le thon.

Donnez un titre à chaque série ci-dessus.

1. Pour assaisonner   → série _____

2. Dans la mer   → série _____

3. Volailles   → série _____

4. Fruits   → série _____

5. Pour faire la cuisine   → série _____

2. Complétez avec les verbes de la liste.

arroser – essuyer – étaler – faire cuire – mélanger – saupoudrer – trancher.

a. _____ la pâte.

b. _____ les ingrédients.

c. _____ la volaille.

d. _____ le pain.

e. _____ le rôti avec le jus.

f. _____ les fraises de sucre.

g. _____ la table après le repas.

3. Trouvez le sens de ces expressions imagées. Associez.

a. Va te faire cuire un œuf !   **1.** Je vais m'énerver / me mettre en colère.

b. La moutarde me monte au nez...   **2.** Il a aidé.

c. Ça va chauffer !   **3.** Tu m'embêtes.

d. Il a mis la main à la pâte.   **4.** J'en ai assez.

e. J'en ai ras-le-bol !   **5.** La situation est tendue.

4. Observez le calendrier de quelques dates importantes au Québec. Notez ou surlignez avec des couleurs différentes.

(1) Les fêtes religieuses

(2) Les fêtes importées

(3) Les fêtes de la famille

(4) Les célébrations officielles

Comparez ce calendrier à celui de votre province ou pays. Quelles sont les différences et les ressemblances ?

Quelques dates importantes en 2016

vendredi 1er janvier	Jour de l'An
dimanche 14 février	Saint-Valentin
lundi 8 février	Nouvel An Chinois
mardi 8 mars	Journée internationale de la femme
jeudi 17 mars	Saint-Patrick
vendredi 25 mars	Vendredi saint
dimanche 27 mars	Pâques
lundi 28 mars	Lundi de Pâques
vendredi 1er avril	Poisson d'avril
vendredi 22 avril	Jour de la Terre
dimanche 8 mai	Fête des Mères
lundi 23 mai	Journée nationale des patriotes/Fête de la Reine
dimanche 19 juin	Fête des Pères
vendredi 24 juin	Fête nationale du Québec (Saint-Jean-Baptiste)
vendredi 1er juillet	Fête du Canada
lundi 5 septembre	Fête du Travail
lundi 10 octobre	Action de grâce
lundi 31 octobre	Halloween
vendredi 11 novembre	Jour du Souvenir
dimanche 25 décembre	Noël
samedi 31 décembre	Réveillon du Jour de l'An

Vous plaisantez !

Travail avec les pages Interactions

Vocabulaire

• avis (n.m.)	haras (n.m.)	superbe (adj.)
bien (n.m.)	jury (n.m.)	• exiger (v.)
cape (n.f.)	œuvre de charité (n.f.)	mémoriser (v.)
chèque (n.m.)	rêve (n.m.)	réciter (v.)
chercheur (n.m.)	table d'hôte (n.f.)	rejeter (v.)
cheval (n.m.)	tirage (n.m.)	soigner (v.)
clé (n.f.)	• chanceux (adj.)	soutenir (v.)
destin (n.m.)	cruel (adj.)	avoir l'intention de... (expr.)
fondation (n.f.)	insolite (adj.)	faire don de... (expr.)
gagnant (n.m.)	invisible (adj.)	prendre soin de... (expr.)
garde-robe (n.f.)	ivre (adj.)	• quand même

1. Associez les deux parties du titre.

a. Le gagnant gagne 40 millions de dollars à Lotto Max.
b. Une Suédoise reçoit une lettre d'amour écrite il y a 20 ans.
c. La cape d'Harry Potter qui lui permet d'être invisible pourrait devenir réalité.
d. Un Japonais a récité les cent mille décimales du nombre pi.
e. 99 000 $ de pourboire.

1. Quelle mémoire !
2. Coup de chance !
3. Quelle soirée !
4. Quand la fiction devient réalité
5. Retards à la Poste

2. Complétez avec le verbe ou le nom qui correspond.

a. gagner → _____
b. donner → _____
c. être invincible → _____
d. mémoriser → _____
e. réciter → _____
f. _____ → la décision
g. _____ → le soin
h. _____ → l'exigence
i. réaliser → _____

3. Formez des expressions. Complétez avec un mot de la liste.

le bien – un cheval – le destin – l'exigence – le soin – des rêves.

a. Faites de beaux _____ !
b. Faire _____
c. Avoir _____
d. Être maître de _____
e. Être à _____ sur les principes
f. Prends _____ de toi !

Trouvez le sens des expressions précédentes.

1. Être indépendant → _____

2. Être généreux → _____

3. Être difficile → _____

4. Fais attention à toi ! → _____

5. Dormez bien ! → _____

6. Observer strictement le règlement → _____

4. Condition, supposition ou suggestion ? Cochez.

	condition	supposition	suggestion
a. On lui rendra visite si nous sommes libres.	☐	☐	☐
b. Si on allait la voir...	☐	☐	☐
c. On lui parlera si je veux.	☐	☐	☐
d. Si on partait en week-end ensemble...	☐	☐	☐
e. Si on se mariait, nous ferions la fête.	☐	☐	☐
f. Et si on sortait ce soir...	☐	☐	☐

5. À quelles occasions formule-t-on ces conditions ou ces suppositions ?

a. Et si c'est une fille ?

b. Si je sors plus tôt du bureau, on ira au cinéma.

c. On partira en balade si le temps le permet.

d. Si on marque, c'est gagné.

e. Si je réussis à l'examen, j'aurai mon diplôme.

1. Projet de fin de semaine

2. Attente d'une naissance

3. Match de football

4. Fin d'année scolaire

5. Projet de soirée

Travail avec les pages Ressources

Vocabulaire

• pilote (n.m.) _____

rallye (n.m.) _____

commanditaire (n.m.) _____

• accompagner (v.) _____

amener (v.) _____

pousser (v.) _____

raccompagner (v.) _____

reculer (v.) _____

Rappelez-vous

Le conditionnel présent

Même forme qu'au futur + terminaison : -ais ; -ais ; -ait ; -ions ; -iez ; -aient
Exemple : VOIR
→ futur : je verrai
→ conditionnel présent : je verrais, tu verrais, il verrait,
nous verrions, vous verriez, elles verraient

1. Trouvez les formes du conditionnel présent.

Retenir → je _____ nous _____ vous _____

Discuter → tu _____ elle _____ ils _____

Permettre → je _____ tu _____ vous _____

Devoir → je _____ tu _____ elles _____

2. Avec des si... conjuguez les verbes entre parenthèses.

Si je gagnais à la loterie,

a. je (*donner*) _____ de l'argent aux associations.

b. nous (*acheter*) _____ une maison de campagne.

c. tu (*travailler*) _____ à mi-temps.

d. vous (*être invité*) _____ souvent dans notre maison de campagne.

e. les enfants (*faire*) _____ des séjours linguistiques à l'étranger.

3. Faites des suppositions.

a. Si j'étais chanteur, elle m' (*écouter*) _____ .

b. Si j'étais footballeur, je (*marquer*) _____ des touchés.

c. Si nous ouvrions un restaurant, tu (*faire*) _____ la cuisine.

d. Si vous jouiez dans le film, vous (*devenir*) _____ célèbres.

e. Si tu écrivais un livre, je le (*publier*) _____ .

4. Donnez des conditions.

a. au travail – Nous (*avoir*) _____ de meilleurs résultats si nous exportions davantage.

b. au spectacle – J' (*aller*) _____ plus souvent à l'opéra si mon ami aimait ça.

c. à l'école – Il (*réussir*) _____ mieux s'il travaillait plus.

d. en vacances à la montagne – Nous (*faire*) _____ de grandes balades si nous avions du beau temps.

e. au tennis – Nous (*perdre*) _____ moins souvent si tu faisais attention.

5. Suggestion et demande polie. Complétez avec : *falloir, préférer, pouvoir, vouloir, aimer.*

a. Nous _____ sortir, ce soir. Qu'en penses-tu ?

b. J' _____ aller au cinéma : tu en as envie ?

c. Je _____ rester à la maison.

d. Je _____ partir plutôt, ce soir, c'est possible ?

e. Oui, mais il _____ que vous terminiez la proposition de contrat avant de partir.

6. Complétez avec des prépositions.

Quelle journée ! Ce matin, je suis parti _____ 7 h 30 de Montréal par le premier avion. Je suis arrivé _____ Ottawa _____ 9 h. Après la réunion, je suis reparti _____ 12h15 _____ Ottawa _____ Toronto. Je suis arrivé _____ Toronto _____ 15 h. La réunion était _____ 16 h. Je suis rentré directement _____ Toronto _____ Montréal. _____ 20 h, j'étais _____ moi.

7. Dites-le poliment. Transformez les verbes.

○○○   Nouveau message

    Cher Monsieur,

    Je *souhaite* _____ apporter quelques modifications au contrat de location

    du studio. *Êtes-vous* _____ libre pour passer à mon bureau ce soir

    après 18 h ? Nous *pourrons* _____ voir ensemble les différents changements

    à apporter. Je vous *suis* _____ reconnaissante de m'indiquer le jour où vous

    pouvez _____ venir.

    Avec mes meilleures salutations.

🎧 Entraînement à [l'oral]

Vocabulaire

• antiquité (n.f.) _____	scrabble (n.m.) _____	• dégonfler (v.) _____
crocodile (n.m.) _____	serpent (n.m.) _____	• dedans _____
hésitation (n.f.) _____	• carnivore (adj.) _____	dessus [au – de] _____
montgolfière (n.f.) _____	libre (adj.) _____	
reine (n.f.) _____	naval (adj.) _____	

Prononcez

1. 🔊 **20** [u] et [y] : faites une croix quand vous entendez ces sons.

	[u]	[y]
a.		
b.		
c.		
d.		
e.		

Vérifiez votre compréhension

2. Écoutez les dialogues des pages 70 et 71 du livre de l'élève. Dites si ces phrases sont vraies ou fausses.

		vrai	faux
a.	Les amis vont faire un tour en montgolfière.	☐	☐
b.	Arielle n'a pas peur de monter sur la grande roue.	☐	☐
c.	Arielle et Mathieu ne montent pas à bord de la montgolfière.	☐	☐
d.	Arielle et Mathieu rentrent à l'hôtel.	☐	☐
e.	Dans la montgolfière, Louis et Rodrigo discutent.	☐	☐
f.	Rodrigo veut vraiment investir dans le jeu vidéo de Louis.	☐	☐
g.	Le soir, le groupe d'amis organise un jeu.	☐	☐
h.	Tous s'amusent beaucoup.	☐	☐

Parlez

3. 🕐 21 **Transformez le futur en conditionnel.**

a. Vous pensez qu'elle viendra ? – **Oui, on m'a dit qu'elle viendrait.**

b. Vous pensez qu'il sera là aussi ? – _____

c. Vous pensez qu'ils se parleront ? – _____

d. Vous pensez qu'ils partiront ensemble ? – _____

e. Vous pensez que ça finira bien ? – _____

4. 🕐 22 **À partir des situations proposées, faites des phrases avec** *devoir, pouvoir, vouloir, falloir.*

a. Vous êtes au restaurant, vous demandez l'addition.

→ **Je pourrais avoir l'addition ?**

b. Vous proposez à une amie d'aller au cinéma avec vous.

→ _____

c. Vous suggérez à un ami de partir tôt le lendemain matin.

→ _____

d. Vous devez partir en urgence : vous demandez à une collègue de vous remplacer pour la réunion.

→ _____

e. Quelqu'un vous marche sur le pied dans la rue, vous lui reprochez de ne pas faire attention.

→ _____

Pages Écrits et Civilisation

Vocabulaire

• âne (n.m.)	ironie (n.f.)	comique (adj.)
art (n.m.)	malaise (nm.)	• attraper (v.)
blague (n.f.)	manière (n.f.)	dépendre (v.)
caricature (n.f.)	mouvement (n.m.)	exploiter (v.)
chemin (n.m.)	période (n.f.)	exposer (v.)
chou (n.m.)	personnalité (n.f.)	frapper (v.)
extrait (n.m.)	pinceau (n.m.)	moquer (se) (v.)
foi (n.f.)	queue (n.f.)	plaisanter (v.)
foie (n.m.)	toile (n.f.)	posséder (v.)
fois (n.f.)	truc (n.m.)	révéler (v.)
homophone (n.m.)	voie (n.f.)	taquiner (v.)
huissier (n.m.)	voix (n.f.)	terminer (v.)
humoriste (n.m.)	• abstrait (adj.)	
ignorance (n.f.)	artistique (adj.)	

1. Apprenez le vocabulaire du thème de la plaisanterie et du rire. Complétez avec un mot de la liste.

une blague – une caricature – l'humour – se moquer – sourire – taquiner.

a. J'ai croisé Laure dans un restaurant, elle m'a _____.

b. Cédric est arrivé à la soirée barbecue en costume cravate. Tout le monde _____ de lui.

c. Sur tous les sujets, Albert est capable de raconter _____.

d. Dans l'hebdomadaire humoristique français *Le Canard enchaîné*, les articles sont pleins _____ et ils sont illustrés par des _____.

e. Paul n'arrête pas de _____ Lucie jusqu'à ce qu'elle se mette en colère.

2. Relisez le texte « Naissance d'un chef-d'œuvre ». Trouvez :

a. où se passe l'action → _____

b. le nom de l'écrivain → _____

c. le type d'animal et son nom → _____

d. la nature de la plaisanterie → _____

e. le nom de la toile → _____

f. le lieu où elle a été exposée → _____

g. son prix → _____

On s'entend bien !

Vous allez apprendre à :

☑ décrire le caractère et le comportement d'une personne
☑ exprimer l'incompréhension
☑ maîtriser les constructions du discours rapporté

Travail avec les pages Interactions

Vocabulaire

- ambition (n.f.) _____
annuaire (n.m.) _____
autoritarisme (n.m.) _____
blouse (n.f.) _____
carton (n.m.) _____
casque (n.m.) _____
comportement (n.m.) _____
compréhension (n.f.) _____
cordon (n.m.) _____
créativité (n.f.) _____
cuisinier (n.m.) _____
curiosité (n.f.) _____

élégance (n.f.) _____
équilibre (n.m.) _____
gaieté (n.f.) _____
générosité (n.f.) _____
honnêteté (n.f.) _____
intolérance (n.f.) _____
jouet (n.m.) _____
langage (n.m.) _____
maillot (n.m.) _____
ordre (n.m.) _____
parole (n.f.) _____
passéisme (n.m.) _____

pessimisme (n.m.) _____
rayon (n.m.) _____
réflexion (n.f.) _____
spontanéité (n.f.) _____
tapis (n.m.) _____
timidité (n.f) _____
- clandestin (adj.) _____
gris (adj.) _____
pratique (adj.) _____
rose (adj.) _____
sociable (adj.) _____
- rejeter (v.) _____

1. Trouvez l'adjectif correspondant au nom.

a. curiosité **curieux**
b. compréhension _____
c. optimisme _____
d. enthousiasme _____
e. jeunesse _____
f. énergie _____
g. générosité _____
h. créativité _____

i. originalité _____
j. courage _____
k. passion _____
l. ambition _____
m. action _____
n. autoritarisme _____
o. sociabilité _____
p. timidité _____

q. élégance _____
r. honnêteté _____
s. pessimisme _____
t. gaieté _____
u. intolérance _____
v. spontanéité _____

2. Complétez la description avec un adjectif trouvé dans l'exercice 1.

a. Il n'a peur de rien, il est _____.

b. Elle a beaucoup d'imagination, elle est _____.

c. Il veut réussir, il est _____.

d. Elle aime beaucoup la compagnie des autres, elle est _____.

e. Elle est toujours bien habillée, elle est _____.

f. Il ne supporte pas la contradiction, il est _____.

g. Il sait écouter les autres avec attention, il est _____.

h. Il donne des ordres, il est _____.

3. Trouvez dans la liste le contraire ou l'adjectif qui a le même sens.

a. optimiste ≠ _____

b. intolérant ≠ _____

c. sociable ≠ _____

d. énergique = _____

e. enthousiaste = _____

f. joyeux = _____

4. Les expressions imagées. Complétez avec une couleur.

blanc – bleu – noir – rouge – rose – vert.

a. J'ai été malade, j'ai passé une nuit _____.

b. Je suis déprimé, j'ai des idées _____.

c. Moi, je suis optimiste, je vois toujours la vie en _____.

d. Je suis très sentimental, j'ai un côté fleur _____.

e. Avant de monter sur scène, l'acteur timide est _____ de peur.

f. Quand les gens se moquent de son accent, il voit _____.

Travail avec les pages Ressources

Vocabulaire

• affirmer (v.) _____

Rappelez-vous

De l'interrogation directe à l'interrogation indirecte

■ Est-ce que tu viens ? → Il lui demande **si** elle vient. (interrogation générale)

■ Qu'est-ce que Pierre fait ?
→ Il lui demande **ce que** fait Pierre. (interrogation sur le complément d'objet)

■ Qui (est-ce qui) parle ? → Il lui demande **qui** parle. (interrogation sur la personne sujet)

■ Qu'est-ce qui fait du bruit ?
→ Il lui demande **ce qui** fait du bruit. (interrogation sur la chose sujet)

■ Où / Quand / Comment (est-ce que) tu pars ?
→ Il lui demande **où / quand / comment** elle part. (interrogation sur les circonstances)

■ Quel livre tu achètes ? → Il lui demande **quel** livre elle achète. (interrogation sur un choix)

1. Complétez.

a. J'aimerais lire **ce qui** est écrit sur le contrat.

b. Je voudrais savoir _____ c'est conforme à notre accord.

c. Pouvez-vous me dire _____ je pourrais organiser la signature.

d. J'aimerais voir _____ changements vous avez apportés.

e. Je voudrais comprendre _____ vous avez fait.

f. Je me demande _____ a pu vous conseiller.

2. Transformez au style indirect.

Arielle :

« Jean-Philippe, je sors, je vais chez le coiffeur ; je rentrerai vers 19 h.

Peux-tu t'occuper de la cuisine ? N'oublie pas de surveiller le four !

Mets aussi la table ! Est-ce que tout le monde a répondu à l'invitation ? Vérifie.

Pense aussi à la boisson ! Qu'est-ce qu'on sert comme apéritif ? Choisis ! »

Arielle dit à Jean-Philippe qu'elle sort, _____

_____

_____

_____

3. Retrouvez le dialogue.

Le directeur interroge le délégué commercial sur son voyage en Corée.

Il m'a demandé comment s'était passée la réunion.

Je lui ai répondu que ça s'était bien passé.

Il m'a demandé si j'avais dû répondre à beaucoup de questions.

Il m'a aussi demandé ce que j'avais répondu et si j'étais optimiste.

J'ai répondu que oui mais qu'il y avait beaucoup de concurrence et que ce n'était pas gagné d'avance.

Il m'a demandé quand je retournerais en Corée et il m'a dit de bien me reposer.

Je lui ai demandé si je pouvais prendre deux jours de vacances à la fin de la négociation.

Le directeur : **Comment s'est passée la réunion ?**

Le délégué commercial : **Ça s'est bien passé.**

a. *Le directeur :* _____

b. *Le délégué commercial :* _____

c. *Le directeur :* _____

d. *Le délégué commercial :* _____

4. Complétez en utilisant « se faire ».

a. Quand nous sommes à l'hôtel, nous aimons bien _____ servir.

b. Le matin, je _____ monter le déjeuner dans la chambre.

c. Mon amie _____ préparer des œufs brouillés.

d. Pour acheter des billets de théâtre, je _____ aider par le réceptionniste de l'hôtel.

e. Quand nous arrivons dans une ville inconnue, nous prenons un taxi et nous _____ montrer la ville.

🔊 Entraînement à l'oral

Vocabulaire

• caverne (n.f.) _____

exploration (n.f.) _____

spéléologie (n.f.) _____

surprise (n.f.) _____

• pénible (adj.) _____

• explorer (v.) _____

perdre (se) (v.) _____

salir (v.) _____

• cause (à – de) _____

Prononcez

1. 🕐 23 Écoutez et distinguez.

	[a]	[ã]	[o]	[õ]
a.				
b.				
c.				
d.				
e.				
f.				

Vérifiez votre compréhension

2. Écoutez le dialogue des pages 78-79 et répondez aux questions sur l'histoire « Nos trente ans ».

a. Quelle activité vont faire les amis ? _____

b. Pourquoi Anne-Sophie ne va-t-elle pas avec eux ? _____

c. À qui ses amis l'ont-ils comparée dans le jeu du personnage mystère ? _____

d. Que voit-on dans la caverne ? _____

e. Comment le groupe trouve-t-il la sortie de la caverne ? _____

f. Est-ce que les jeunes gens se quittent bons amis ou fâchés ? _____

3. 🕐 24 Accord, désaccord, incompréhension. Qu'est-ce qu'on exprime quand on dit :

	accord	désaccord	incompréhension
a. Tu voudrais répéter, s'il te plaît ?	☐	☐	☐
b. Qu'est-ce que tu voulais dire par là ?	☐	☐	☐
c. Non, je ne pense pas.	☐	☐	☐
d. Ah ! Alors là, oui...	☐	☐	☐
e. Mais je n'ai jamais dit ça !	☐	☐	☐
f. Ça ! Jamais !	☐	☐	☐
g. Eh bien... tout rentre dans l'ordre.	☐	☐	☐
h. Non, ce n'est pas ce que j'ai dit !	☐	☐	☐
i. Si tu veux...	☐	☐	☐

Parlez

4. ⏱ **25** Écoutez-la. Rapportez ses paroles.

a. Il fait beau. → **Elle dit qu'il fait beau.**

b. Je vais sortir. → _____

c. Je t'ai appelé hier. → _____

d. On peut se voir ? → _____

e. Tu veux jouer au tennis ? → _____

5. ⏱ **26** Rapportez les paroles.

a. Tu veux aller au restaurant ?

→ **Il me demande si je veux aller au restaurant.**

b. Qu'est-ce que tu veux manger ?

→ _____

c. Quand est-ce que tu préfères y aller ?

→ _____

d. Qui veux-tu inviter ?

→ _____

e. Fais la réservation.

→ _____

Pages Écrits et Civilisation

Vocabulaire

• ardeur (n.f.)	poutine (n.f.)	effacer (v.)
audace (n.f.)	rédemption (n.f.)	émerveiller (s') (v.)
bouquet (n.m.)	retenue (n.f.)	familiariser (se) (v.)
conséquence (n.f.)	sujet (n.m.)	intégrer (s') (v.)
échec (n.m.)	témoignage (n.m.)	propulser (v.)
excès (n.m.)	• étonnant (adj.)	purifier (v.)
file (n.f.)	impoli (adj.)	réinventer (v.)
hors d'œuvre (n.m.)	• aborder (v.)	• complètement
interlocuteur (n.m.)	applaudir (v.)	contrairement
passivité (n.f.)	approcher (v.)	davantage
personnage (n.m.)	commander (v.)	

1. Avez-vous bien compris ? Relisez les citations de Boucar Diouf et de Kim Thúy (p. 80). Répondez.

a. Qui est Boucar Diouf ? _____

b. Qui est Kim Thúy ? _____

c. À quoi Boucar Diouf compare-t-il l'intégration à une nouvelle culture ? _____

d. Pourquoi, selon Kim Thúy, le Québec est un nouveau pays tous les trois mois ? _____

e. Lesquelles de ces phrases correspondent aux observations de Kim Thúy ?

   1. Le Québec pardonne les erreurs et les échecs.

   2. Le Québec nous encourage à nous réinventer.

   3. Le Québec n'applaudit pas l'audace.

2. Relisez le tableau « Sujets de conversation » (p. 80). Est-il poli de prononcer les phrases suivantes ?

	oui	non
a. Vous habitez un joli quartier…	☐	☐
b. Votre maison, vous l'avez payée cher ?	☐	☐
c. Alors, cette année, le Mexique, les Rocheuses ou l'Europe ?	☐	☐
d. Vous avez voté pour qui aux élections fédérales ?	☐	☐
e. Vous pouvez m'indiquer un bon restaurant, pas trop cher, avec des spécialités locales ?	☐	☐
f. Votre travail, ça marche ?	☐	☐
g. Moi, je gagne un peu plus de 70 000 dollars par an, et vous ?	☐	☐
h. Toutes ces grèves, vous supportez encore !	☐	☐
i. On pourrait échanger nos maisons, l'année prochaine ?	☐	☐
j. Elle est neuve, votre voiture… Vous en changez souvent ?	☐	☐

3. Faites correspondre ces remarques avec les témoignages de la page 81.

a. « Les Canadiens sont très patients. » → _____

b. « Les Canadiens peuvent apporter leur bouteille de vin au restaurant. » → _____

c. « Les Canadiens francophones utilisent à l'oral la particule « -tu » dans les questions. » → _____

d. « Dans les restaurants chacun paie pour ce qu'il a commandé. » → _____

e. « La poutine est un plat étrange, mais très populaire. » → _____

4. Associez la phrase avec un geste.

a. À peu près…   **d.** Il est fou !   **g.** Mon œil !   **j.** Merci de m'avoir laissé passer.

b. Super !   **e.** Ça m'est passé sous le nez.   **h.** Bonne chance !   **k.** Oui !

c. Non !   **f.** Chut !   **i.** Excellent !   **l.** C'est assommant.

1. _____   **2.** _____   **3.** _____   **4.** _____   **5.** _____   **6.** _____

7. _____   **8.** _____   **9.** _____   **10.** _____   **11.** _____   **12.** _____

• Compréhension de l'oral

1. 🕐 **27** **Voici cinq messages d'aéroport. Écoutez et complétez le tableau.**

	Destination	Numéro de vol	Porte d'embarquement
1.			
2.			
3.			
4.			
5.			

• Compréhension des écrits

Lisez ce document et répondez en cochant les bonnes cases.

Sept conseils pour bien se reposer

1 Ne pas avoir peur des pulsions de sommeil ; faire la sieste quand on en ressent le besoin.

2 S'installer confortablement dans une semi-obscurité si nécessaire et au calme.

3 Fermer les yeux.

4 Décroiser bras et jambes.

5 Décontracter les muscles du cou, du dos, des bras et des jambes.

6 Ralentir progressivement la respiration qui ne doit rester ni trop lente ni trop rapide.

7 Ne pas chercher à s'endormir à tout prix : un sommeil superficiel est aussi réparateur qu'un sommeil profond.

1. Le document s'adresse :

☐ **a.** aux touristes ☐ **b.** aux enfants ☐ **c.** aux adultes qui travaillent

2. Ce document :

☐ **a.** parle des mauvaises habitudes

☐ **b.** donne des conseils

☐ **c.** propose une méthode pour lutter contre le sommeil

3. Son objectif est de :

☐ **a.** persuader du bon usage de la sieste

☐ **b.** permettre de faire soi-même des exercices de gymnastique douce

☐ **c.** utiliser le mieux possible son temps libre

4. Les pulsions du sommeil sont :

☐ **a.** le moment où la respiration se ralentit

☐ **b.** le moment où l'on tombe dans un sommeil profond

☐ **c.** le moment où le sommeil vous indique que c'est le moment de faire la sieste

5. Parmi les manières de bien profiter de la sieste, le document recommande de :

☐ **a.** trouver une position confortable

☐ **b.** rechercher le sommeil de manière systématique

☐ **c.** ne pas contrôler la respiration

• Production écrite

Travail sur la comparaison. Pendant vos vacances en Bretagne, vous avez le choix entre deux menus pour votre repas d'anniversaire. Vous décrivez chacun des menus et vous les comparez.

℔ Menu 1

◆ 12 huîtres
◆ Crêpes aux fruits de mer et épinards
◆ Salade de fruits exotiques et glace
◆ ½ bouteille de vin de Loire
◆ 25 par personne

℔ Menu 2

◆ Foie gras avec un verre de porto
◆ Lapin aux citrons confits et pâtes fraîches
◆ Galette aux amandes
◆ 32 par personne

Comparez :

a. la dominante de chacun des repas (poisson/viande ; léger/lourd)

_____

b. les différents ingrédients (rare ; cher ; exotique ; régional)

_____

c. le prix (cher/meilleur marché ; sans ou avec boisson)

_____

• Production orale

Vous lisez une annonce pour un voyage touristique et vous téléphonez pour obtenir des renseignements complémentaires. Voici les réponses : posez les questions.

a. _____

– Oui, bonjour, Tourism'Azur, je vous écoute…

b. _____

– C'est cela, c'est un séjour de trois jours tout compris.

c. _____

– Oui, il y a encore quelques places.

d. _____

– Non, en chambre double. Pour les chambres individuelles, il y a un supplément.

e. _____

– Oui, même le prix des visites guidées est inclus.

f. _____

– La dégustation de vins aussi.

g. _____

– Le rendez-vous pour le départ est place du Château à 6 h.

h. _____

– Notre retour est prévu dimanche soir vers 21 h.

i. _____

– Pour réserver vous devez soit passer à l'agence, soit le faire directement sur notre site Internet www. tourismazur (tout attaché).fr

À vos risques et périls !

Vous allez apprendre à :

☑ exprimer la volonté et l'obligation
☑ prendre des notes et vous entraîner à la rédaction
☑ utiliser le subjonctif présent

Travail avec les pages Interactions

Vocabulaire

• aventurier (n.m.)

baleine (n.f.)

biologiste (n.m.)

commande (n.f.)

conférence (n.f.)

conversation (n.f.)

déplacement (n.m.)

disparition (n.f.)

diversité (n.f.)

documentaire (n.m.)

échec (n.m.)

environnement (n.m.)

équipe (n.f.)

ère (n.f.)

essai (n.m.)

expédition (n.f.)

exploit (n.m.)

extinction (n.f.)

handicap (n.m.)

handicapé (n.m.)

navigation (n.f.)

odyssée (n.f.)

organisme (n.m.)

péninsule (n.f.)

planète (n.f.)

rame (n.f.)

réalisateur (n.m.)

regard (n.m.)

risque (n.m.)

scientifique (n.)

tentative (n.f.)

traversée (n.f.)

voile (n.f.)

voilier (n.m.)

volonté (n.f.)

• biologique (adj.)

énergique (adj.)

grave (adj.)

hospitalier (adj.)

inconscient (adj.)

menacé (adj.)

solitaire (adj.)

volontaire (adj.)

• accompagner (v.)

associer (v.)

commenter (v.)

dépasser (se) (v.)

effectuer (v.)

faillir (v.)

priver (v.)

réaliser (v.)

rejoindre (v.)

relever (v.)

relier (v.)

sauter (v.)

témoigner (v.)

tenter (v.)

• gravement

1. Le vocabulaire du paysage. Reliez les noms de la liste avec les dessins correspondants.

a. une plaine – **b.** un volcan – **c.** une montagne – **d.** un îlot – **e.** un pic – **f.** la mer – **g.** une rivière – **h.** une forêt – **i.** une péninsule – **j.** un lac – **k.** une chaîne de montagnes – **l.** un fleuve.

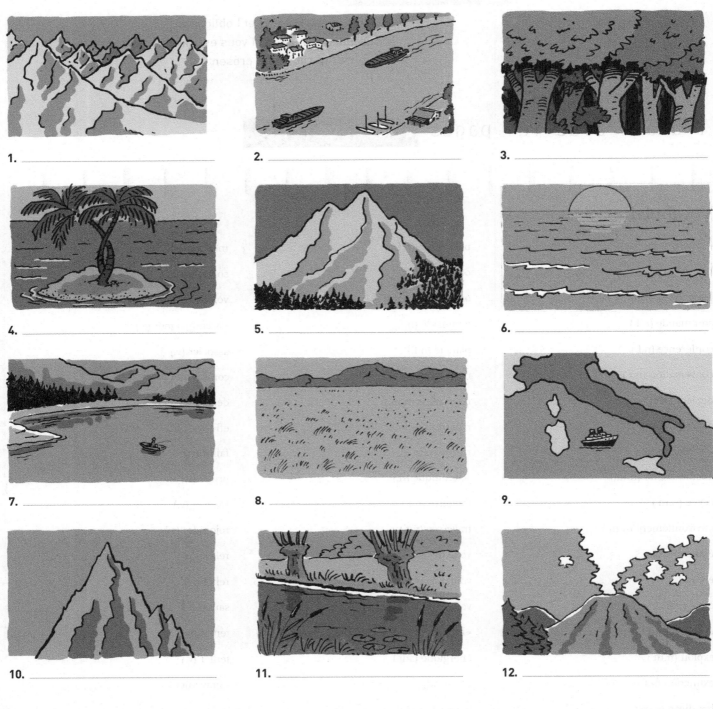

1. _____   2. _____   3. _____

4. _____   5. _____   6. _____

7. _____   8. _____   9. _____

10. _____   11. _____   12. _____

2. Lisez les textes des pages 90 et 91 et dites si les phrases suivantes sont vraies ou fausses.

	vrai	faux
a. Jean Lemire a fait son expédition en solitaire.	☐	☐
b. Mylène Paquette est la première personne du continent américain à traverser l'Atlantique à la rame.	☐	☐
c. Chantal Petitclerc a gagné ses médailles en natation.	☐	☐
d. Le but de l'expédition de Jean Lemire était sportif.	☐	☐
e. Chantal Petitclerc est handicapée depuis la naissance.	☐	☐
f. Mylène Paquette découvre sa passion pour la voile et la navigation à 27 ans.	☐	☐
g. Chantal Petitclerc a gagné 15 médailles d'or aux jeux paralympiques.	☐	☐

3. Du verbe au nom.

a. découvrir → **une découverte**

d. risquer → _____

b. réussir → _____

e. essayer → _____

c. échouer → _____

f. tenter → _____

4. Complétez ces titres de presse avec les noms de l'exercice 2.

a.
_____ totale de l'opération :
tous sauvés

b.
**Conséquence de l'emploi des OGM :
personne ne croit au**
_____ **zéro.**

c.
Lutte contre le cancer :
....
d'un nouveau médicament.

e.
**Le sportif a battu le record
du saut en hauteur
à son troisième**
_____.

d.
_____
**des négociations :
pas d'accord entre les deux pays.**

5. Complétez avec les adjectifs de la liste.

énergique – fou – courageux – inconscient – volontaire.

a. Jean est pompier. Il n'a pas peur du danger, il est _____ .

b. Marie a une activité professionnelle. Elle élève seule ses deux enfants et réussit aussi avoir des activités personnelles.

Elle est très _____ .

c. Pour son avenir, Mathieu sait ce qu'il veut. Il est _____ .

d. La descente de cette rivière en canoë est très dangereuse. Il faut être _____ ou _____ pour la tenter.

Travail avec les pages Ressources

Rappelez-vous

Le passif permet de mettre en valeur l'objet de l'action :

■ **Au présent**
Des artisans fabriquent *ces objets d'art*.
Ces objets d'art sont fabriqués par des artisans.

■ **Au passé**
Dumas a écrit *Les Trois Mousquetaires*.
Les Trois Mousquetaires a été écrit par Dumas.

■ **Au futur**
L'acteur Patrice Robitaille jouera *Cyrano de Bergerac*.
Cyrano de Bergerac sera joué par Patrice Robitaille.

1. Mettez les mots soulignés en début de phrase.

La visite du musée

a. Le professeur a proposé <u>la visite du musée</u>. → *La visite du musée a été proposée par le professeur.*

b. Les étudiants ont fait <u>des recherches sur Internet</u>. → _____

c. Un groupe d'étudiants a rassemblé <u>des documents</u>. → _____

d. Deux professeurs ont élaboré <u>le programme de la visite</u>. → _____

e. On apprécie <u>le programme de la visite du musée</u>. → _____

f. Le professeur félicitera <u>toute l'équipe</u> pour son travail de préparation. → _____

2. Transformez les phrases suivantes en commençant par le mot souligné.

Vacances ratées

a. Sur la route, la police <u>nous</u> a contrôlés. → *Nous avons été contrôlés par la police.*

b. Au camping, le voisin a agressé <u>Pierre</u>. → _____

c. Au supermarché, on m'a volé <u>ma carte bancaire</u>. → _____

d. Heureusement, un ami nous a prêté <u>de l'argent</u>. → _____

e. Au retour, la voiture est tombée en panne. Un chauffeur de camion a conduit <u>la voiture</u> au village voisin

→ _____

3. Souhaits : Mettez les verbes entre parenthèses à la forme qui convient.

a. Négociations

Je souhaite que les partenaires *(accepter)* _____ de discuter avec nous. Je crains que tu n'*(accorder)* _____ pas assez d'importance à leurs propositions. Je souhaite que nous *(approfondir)* _____

nos discussions et qu'ils *(reconnaître)* _____ nos désaccords.

b. Désaccords

Moi, j'ai envie que nous *(être)* _____ plus souvent ensemble. Je souhaite que nous *(prendre)* _____

régulièrement des week-ends. Mais Patrick a peur *(partir)* _____ Il veut bien qu'on *(aller)* _____

au restaurant ou que nos amis *(venir)* _____ à la maison.

4. Expression des sentiments. Reformulez la phrase comme dans l'exemple.

a. Tu ne veux pas sortir. Je le regrette → *Je regrette que tu ne veuilles pas sortir.*

b. Tu t'occupes des enfants. Je le souhaite → _____

c. Ils ne me rejoindront pas plus tard. Je le crains → _____

d. Tes parents ne seront pas là pour les accueillir. J'en ai peur → _____

e. On ira ensuite au cinéma et au restaurant. Je suis contente → _____

5. Expression des sentiments. Associez les deux phrases comme dans l'exemple.

a. Vous ne pouvez pas témoigner. Je le regrette. → *Je regrette que vous ne puissiez pas témoigner.*

b. Nous pourrons aborder certains sujets. Je l'espère.

→ _____

c. Vous interviendrez. Je le souhaite.

→ _____

d. Ils se tairont tous. J'en ai peur.

→ _____

e. Nous allons les laisser intervenir. J'en ai envie.

→ _____

🌐 Entraînement à l'oral

Vocabulaire

• électricité (n.f.) _____	bête (adj.) _____	rassurer (v.) _____
fenêtre (n.f.) _____	inquiet (adj.) _____	avoir envie de (v.) _____
garage (n.m.) _____	• débrouiller (se) (v.) _____	• vraiment _____
mécanique (n.f.) _____	échouer (v.) _____	• noir sur blanc (expr.) _____
port (n.m.) _____	éloigner (s') (v.) _____	
• angoissé (adj.) _____	faire (s'en –) (v.) _____	

Prononcez

1. 🕐 **28** Différenciez. Cochez le pronom que vous entendez.

	les	le	la
a.			
b.			
c.			
d.			
e.			

	les	le	la
f.			
g.			
h.			
i.			
j.			

Vérifiez votre compréhension

2. Vrai (V) ou faux (F) ?

a. Omar répète avec Nadia une pièce de théâtre. _____

b. Omar attend les résultats de son dernier examen. _____

c. Omar n'a pas réussi son dernier examen. _____

d. Omar décide d'arrêter ses études d'économie pour faire du théâtre. _____

e. Les parents de Omar sont d'accord. _____

f. Nadia encourage Omar. _____

g. Nadia fait des études en médecine. _____

h. Nadia et Omar se séparent. _____

3. ⊕ 29 Regardez les photos et écoutez le récit de l'exploit. Complétez les informations.

Nom : Bertrand Piccard

Nationalité : _____

Profession : _____

Exploit réalisé en 1999 : _____

_____

Autres tentatives et causes des échecs

1997 : _____

_____

1998 : _____

_____

Projet pour 2008 : _____

_____

Parlez

4. ⊕ 30 Exprimez un désir comme dans l'exemple.

a. Tu viens ? J'en ai envie. → **J'ai envie que tu viennes.**

b. Tu lis ? Je le voudrais bien. → _____

c. Vous traduisez ce texte ? Je le souhaite. → _____

d. Nous allons au théâtre ? J'en ai envie. → _____

e. Tu vas réussir. Je le désire. → _____

f. Tu viens à mon anniversaire ? J'aimerais bien. → _____

5. ⊕ 31 Exprimez l'obligation. Confirmez comme dans l'exemple.

Travail urgent

a. Vous devez venir. → **Il faut que vous veniez.**

b. Nous devons nous organiser. → _____

c. Nous devons nous occuper du problème. → _____

d. Après, vous devez vous détendre → _____

e. Et vous devez vous amuser. → _____

Pages Écrits et Civilisation

Vocabulaire

• cadre (n.m)	planche (n.f.)	emporter (v.)
célébrité (n.f.)	quille (n.f.)	enregistrer (v.)
championnat (n.m.)	sol (n.m.)	franchir (v.)
coureur (n.m.)	téléspectateur (n.m.)	marquer (v.)
dopage (n.m.)	tournoi (n.m.)	parcourir (v.)
ligne (n.f.)	violence (n.f.)	pratiquer (v.)
malhonnêteté (n.f.)	• alpin (adj.)	provenir de (v.)
marathon (n.m.)	climatique (adj.)	tenter (v.)
match (n.m.)	éliminatoire (adj.)	• également
média (n.m.)	originaire (adj.)	soit
minceur (n.f.)	• accélérer (v.)	la plupart
participant (n.m)	battre (v.)	• dans le cadre de (expr.)
patinage (n.m.)	dominer (v.)	

1. Vous avez bien compris. Lisez l'article et retrouvez les informations suivantes :

a. Nombre de participants : _____

b. Météo : _____

c. Numéro d'édition du Marathon d'Ottawa : _____

d. Longueur du Marathon : _____

e. Temps réalisé par la gagnante : _____

f. Nationalité de la gagnante : _____

g. Temps réalisé par le gagnant : _____

h. Nom du vainqueur : _____

i. Temps du premier Canadien : _____

j. Nationalité du premier homme à franchir la ligne d'arrivée : _____

k. Qui a amélioré son record de près d'une minute ? _____

2. Trouvez dans la liste le sentiment qu'ils expriment.

déception – optimisme – enthousiasme – pessimisme – confiance.
Paroles entendues dans le stade

a. On est les Champions ! On est les Champions ! → _____

b. Dommage ! On a eu plusieurs fois l'occasion de revenir au score... → _____

c. Aujourd'hui, c'est sûr, l'équipe n'atteindra pas ses objectifs. → _____

d. C'est sûr ! On va gagner ! → _____

e. Si nous restons unis dans l'effort, nous gagnerons. → _____

3. **Lisez ces phrases. Associez-les à un sport.**

a. Le Canadien David Veilleux a fait ses débuts au Tour de France. → _____

b. Marie-Pier Couillard a nagé le 400 m en 5 min. → _____

c. Derek Drouin a sauté 2,40 m. → _____

d. Le Onze du Toronto FC a marqué trois buts. → _____

e. Nous avons fait un parcours 18 trous. → _____

f. Lors du concours, le cheval de Jérémy a fait une chute. → _____

4. **Trouvez les qualités développées par chaque sport.**

le sens du rythme – l'équilibre – les réflexes – l'esprit d'équipe – le goût de la nature.

a. le football → _____

b. la danse → _____

c. le tennis de table → _____

d. le ski → _____

e. la randonnée → _____

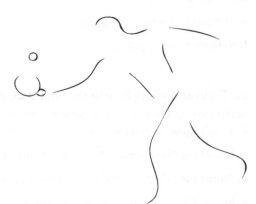

La vie est dure

Vous allez apprendre à :

☑ parler des activités quotidiennes et des conditions de vie

☑ exprimer l'appartenance

☑ utiliser les pronoms possessifs et les adjectifs et pronoms indéfinis

Travail avec les pages Interactions

Vocabulaire

• ampoule (n.f.) _____

appareil (n.m.) _____

aspirateur (n.m.) _____

baignoire (n.f.) _____

bouton (n.m.) _____

bricolage (n.m.) _____

bricoleur (n.m.) _____

couvert (n.m.) _____

égalité (n.f.) _____

entretien (n.m.) _____

évier (n.m.) _____

four (n.m.) _____

intérieur (n.m.) _____

kit (n.m.) _____

lavabo (n.m.) _____

laveuse (n.f.) _____

lave-vaisselle (n.m.) _____

lessive (n.f.) _____

linge (n.m.) _____

lit (n.m.) _____

ménage (n.m.) _____

meuble (n.m.) _____

miroir (n.m.) _____

plancher (n.m.) _____

poubelle (n.f.) _____

poussière (n.f.) _____

réfrigérateur (n.m.) _____

repassage (n.m.) _____

sondage (n.m.) _____

tâche (n.f.) _____

vaisselle (n.f.) _____

• complémentaire (adj.) _____

dur (adj.) _____

idéal (adj.) _____

rare (adj.) _____

sale (adj.) _____

surgelé (adj.) _____

• accrocher (v.) _____

coudre (v.) _____

débarrasser (v.) _____

éplucher (v.) _____

étendre (v.) _____

imposer (v.) _____

nettoyer (v.) _____

ranger (v.) _____

repasser (v.) _____

résoudre (v.) _____

tirer (v.) _____

vider (v.) _____

1. Relisez le sondage. Trouvez les expressions correspondant aux activités du tableau.

Nettoyer	Cuisiner	Bricoler
Faire le lavage ...		

2. Associez.

a. **changer**

b. mettre

c. passer

d. étendre

e. coudre

f. prendre

g. débarrasser

1. des photos

2. le linge

3. le couvert

4. **une ampoule**

5. l'aspirateur

6. la table

7. un bouton

3. Trouvez le nom correspondant à chaque verbe. Classez-le dans le tableau.

a. ranger _____

b. repasser _____

c. préparer _____

d. laver _____

e. changer _____

f. accrocher _____

g. installer _____

h. monter _____

i. cuire _____

j. résoudre _____

k. sortir _____

l. coudre _____

Suffixe -(e)ment	Suffixe -age	Suffixe -tion	Autres suffixes
Le rangement			

4. Complétez avec les verbes de l'exercice 3.

Vacances...

a. **changer** la réservation

b. _____ les bagages

c. _____ la tente

d. _____ tes affaires

e. _____ le barbecue

f. _____ le steak

Travail avec les pages Ressources

Vocabulaire

• banc (n.m.) _____

• appartenir (v.) _____

saluer (v.) _____

• aucun

n'importe ... _____

1. À qui ça appartient ? Répondez.

Jalousie

a. C'est sa propriété ? – Oui, c'est **la sienne**.

b. C'est son chalet ? – Oui, c'est _____.

c. Ce sont ses voitures ? – Oui, ce sont _____.

d. C'est ton ami ? – Oui, c'est _____.

e. Ce sont tes bijoux ? – Oui, ce sont _____.

f. Ce sont vos forêts ? – Oui, ce sont _____.

g. Ce sont les jeux vidéo de vos enfants ? – Oui, ce sont _____.

2. Complétez avec « appartenir à... », « faire partie de ... » ou « posséder ».

a. Il **appartient à (fait partie de)** une association écologiste.

b. Elle _____ tous les DVD de Xavier Dolan.

c. Il _____ une copie du contrat.

d. Il _____ de l'équipe des *Maple Leafs* de Toronto.

e. Elle _____ un patrimoine important.

f. Elle _____ une collection de bandes dessinées.

g. Cette montre _____ Lucie.

3. Voici un sondage effectué auprès de jeunes étudiants. Remplacez les pourcentages par un pronom indéfini.
aucun n' – beaucoup – la moitié – la plupart – peu – quelques-uns – tous – très peu.

> **Avez-vous effectué les sorties suivantes au moins une fois dans l'année ?**
>
> • **cinéma** : 100 %
> • **concert de chanteur** : 90 %
> • **concert de rock** : 60 %
> • **musée** : 50 %
> • **théâtre** : 16 %
> • **concert classique** : 5 %
> • **opéra** : 1 %
> • **cirque** : 0 %

a. _____ sont allés au cinéma.

b. _____ ont écouté un chanteur.

c. _____ ont assisté à un concert de rock.

d. _____ sont allés au musée.

e. _____ sont allés au théâtre.

f. _____ sont allés à un concert de musique classique.

g. _____ sont allés à l'opéra.

h. _____ est allé au cirque.

4. Rédigez les réponses en utilisant les mots de quantité entre parenthèses.
On interroge Dany sur ses goûts en matière de télévision.

a. Tu regardes les journaux télévisés ? (*tous*) – Oui, **je les regarde tous**.

b. Tu regardes les séries ? (*la plupart*) – Oui, _____

c. Tu aimes les publicités ? (*certains*) – Oui, _____

d. Tu regardes des émissions politiques ? (*quelques*) – Oui, _____

e. Et tu regardes les émissions de variétés ? (*aucun*) – _____

🌐 Entraînement à l'oral

Vocabulaire

• colocataire (n.)	réparation (n.f.)	méfier (se – de) (v.)
confiance (n.f.)	• avertir (v.)	sentir (v.)
domicile (n.m.)	compter sur (v.)	• tout à l'heure
locataire (n.)	fier à (se) (v.)	

Prononcez

1. 🕐 **32** [v] ou [f] ? Distinguez.

	[v]	[f]
a.		
b.		
c.		
d.		
e.		
f.		

Vérifiez votre compréhension

2. Avez-vous bien compris l'histoire ?

a. Que cherche Omar dans la scène 1 ? _____

b. Qui est Alexis ? _____

c. Quel est le prix de la chambre ? _____

d. Dans la scène 2, comment s'appelle l'entreprise qui offre un travail ? _____

e. Quel type de travail propose l'entreprise ? _____

f. Omar accepte-t-il de travailler pour cette entreprise ? _____

Parlez

3. 🕐 **33** À qui est-ce ? Répondez selon les instructions.

a. Cette valise est à vous ? – Oui, c'est la mienne.

b. Et ce foulard, il est à vous ? – Non, _____

c. Ces vêtements sont à eux ? – Oui, _____

d. Et cette cravate, elle est à lui ? – Non, _____

e. Et ces manteaux, ils sont à nous ? – Oui, _____

4. ⊕ **34** Écoutez les questions du DRH pendant l'entrevue d'embauche. À quelle partie du CV correspond chaque question ?

a. Nom : **Prévost** – Prénom : **Claudine**

b. Travail bénévole : _____

c. Études : _____

d. Expérience professionnelle : emploi à temps plein _____

e. Expérience professionnelle : stages _____

f. Raisons du départ : _____

g. Langues parlées : _____

h. Maîtrise des outils informatiques : _____

i. Centres d'intérêt : _____

Pages Écrits et Civilisation

Vocabulaire

candidature (n.f.) _____

carrière (n.f.) _____

conformisme (n.m.) _____

décennie (n.f.) _____

délocalisation (n.f.) _____

embauche (n.f.) _____

endettement (n.m.) _____

étiquette (n.f.) _____

fusion (n.f.) _____

innovation (n.f.) _____

insatisfaction (n.f.) _____

manuel (n.m.) _____

montant (n.m.) _____

pauvreté (n.f.) _____

pharmacien (n.m.) _____

précarité (n.f.) _____

prêt (n.m.) _____

restructuration (n.f.) _____

revenu (n.m.) _____

sécurité (n.f.) _____

système (n.m.) _____

usine (n.f.)) _____

• alimentaire (adj.) _____

dépourvu (adj.) _____

insatisfait (adj.) _____

perfectible (adj.) _____

qualifié (adj.) _____

satisfait (adj.) _____

scolarisé (adj.) _____

spécialiste (adj.) _____

ultime (adj.) _____

• craindre (v.) _____

décrocher (v.) _____

dégoutter (v.) _____

détériorer (se) (v.) _____

efforcer de (s') (v.) _____

estimer (v.) _____

examiner (v.) _____

licencier (v.) _____

limiter (v.) _____

pourvoir (v.) _____

reporter (se) (v.) _____

requérir (v.) _____

• cas échéant

1. Dans l'article « Ce n'est pas toujours facile », à quoi correspondent les chiffres suivants ? Utilisez les mots : *pourcentage, montant* et *taux*.

a. 28 000 $: **montant de l'endettement moyen étudiant**.

b. 14 % : _____

c. 5 139 $: _____

d. 20 % : _____

e. 13 650 $: _____

f. 15 % : _____

2. D'après les informations du texte « Ce n'est pas toujours facile », donnez votre opinion sur les affirmations suivantes :

a. Les jeunes ont beaucoup de chance aujourd'hui. _____

_____

b. Quand on est fonctionnaire, on ne risque pas d'être au chômage. _____

_____

c. Au Canada, la fracture sociale est importante. _____

_____

3. Remplacez les groupes en italique par un mot ou une expression de la liste suivante : *déranger, se déplacer, mentir, détester les règles, se réconcilier.*

a. Cet enfant *ne supporte pas l'autorité*.

b. Paul et Lucie s'étaient disputés. Ils *ont fait la paix*.

c. Au Canada, Pierre *voyage* toujours en train.

d. Dans cette affaire, quelqu'un *ne dit pas la vérité*.

e. Si on me téléphone quand je travaille, ça m'*ennuie*.

4. L'emploi. Complétez avec les mots de la liste.

le chômage – un curriculum vitæ (CV) – délocaliser – embaucher – un emploi – un licenciement – un poste – les revenus.

a. Rémy avait _____ de contrôleur de la qualité dans une fabrique de vêtements.

b. Mais, il y a un an, l'usine _____ sa production en Asie du Sud-Est.

c. Rémy a reçu une lettre de _____ . Il s'est retrouvé au _____ .

d. Il s'est tout de suite mis à rechercher _____ .

e. Pour cela il a envoyé son _____ à une cinquantaine d'entreprises.

f. Une usine de vêtements de sport l'_____ .

g. Il gagne moins qu'il y a un an. Ses _____ ont baissé.

Que choisir ?

Travail avec les pages Interactions

Vocabulaire

• aluminium (n.m.)	cuisinière (à gaz) (n.f.)	or (n.m.)
argent (n.m.)	cuivre (n.m.)	oreiller (n.m.)
balai (n.m.)	débarbouillette (n.f.)	pelle (n.f.)
béton (n.m.)	diamant (n.m.)	pied (n.m.)
bois (n.m.)	dimension (n.f.)	plastique (n.m.)
brique (n.f.)	drap (n.m.)	plomb (n.m.)
brosse à dents (n.f.)	enchère (n.f.)	porcelaine (n.f.)
bureau (meuble) (n.m.)	étagère (n.f.)	rectangle (n.m.)
cafetière (n.f.)	fer (n.m.)	recueil (n.m.)
carré (n.m.)	gant (n.m.)	rideau (n.m.)
centimètre (n.m.)	hauteur (n.f.)	robot (n.m.)
chaîne stéréo (n.f.)	illustration (n.f.)	savon (n.m.)
chaise (n.f.)	laine (n.f.)	sofa (n.m.)
champion (n.m.)	largeur (n.f.)	textile (n.m.)
chevet (n.m.)	longueur (n.f.)	triangle (n.m.)
commode (n.f.)	marbre (n.m.)	velours (n.m.)
congélateur (n.m.)	marqueur (n.m.)	• allongé (adj.)
coton (n.m.)	matelas (n.m.)	halogène (adj.)
couette (n.f.)	matière (n.f.)	précieux (adj.)
coussin (n.m.)	métal (n.m.)	• embarrasser (v.)
cube (n.m.)	micro-ondes (n.m.)	recouvrir (v.)
cuir (n.m.)	millimètre (n.m.)	

1. Sur le site « Tout pour tous », page 106 du livre de l'élève, trouvez des objets qui servent à :

a. faire du rangement : _____

b. nettoyer : _____

c. faire sa toilette : _____

d. faire la cuisine : _____

e. prendre un repas : _____

f. se détendre : _____

g. dormir : _____

2. Éliminez l'intrus.

a. sofa – chaise – lit – fauteuil – bibliothèque.

b. matelas – buffet – armoire – commode – étagères.

c. corbeille à papier – four à micro-ondes – lampe de bureau – ordinateur.

d. lave-vaisselle – laveuse – grille-pain – balai – aspirateur.

e. rideaux – draps – couverture – serviette de bain – table de chevet.

3. Trouvez l'adjectif correspondant au nom.

a. une sphère   → **sphérique**

b. un cube   → _____

c. une pyramide → _____

d. un carré   → _____

e. un rectangle → _____

f. un rond   → _____

g. le métal   → _____

h. l'or   → _____

i. l'argent   → _____

4. Associez objets et matériaux.

a. une armoire en	**1.** velours
b. des draps en	**2.** plastique
c. un sofa en	**3.** coton
d. un porte-savon en	**4.** porcelaine
e. une tasse en	**5.** bois

5. Formez des expressions à l'aide des mots suivants.

or – plomb – pierre – bois – fer.

a. Il parle avec des stéréotypes. Ce qu'il dit, c'est de la langue de _____.

b. Elle est insensible. Elle a un cœur de _____.

c. Ce tableau s'est vendu très cher. Il s'est vendu à prix _____.

d. Il n'est jamais malade. Il a une santé de _____.

e. Après la marche fatigante, je me suis endormi d'un sommeil de _____.

Travail avec les pages Ressources

Vocabulaire

• collier (n.m.) _____

1. Complétez avec *quel* (*quelle*, etc.) ou *lequel* (*laquelle*, etc.).

Recherche

a. Allô, tu as trouvé le formulaire ?

– Lequel ?

b. Le formulaire d'inscription, il est sur la table.

– _____, celle du salon ?

c. Oui, il est avec les dossiers.

– _____ ? Les tiens ou les miens ?

d. Les tiens. Tu les vois ?

– Je les vois mais le formulaire est dans _____ dossier ?

e. Le rouge, et prends aussi mes cartes de l'université.

– _____ ? La carte d'étudiant ? Celle de la bibliothèque ? Celle du club de sport ?

f. Toutes et envoie-moi tous ces documents à mon adresse.

– _____ ? Ton adresse professionnelle ou ton adresse personnelle ?

2. Complétez avec *celui* (*celle, ceux*) ... *qui, que, où*...

a. On regarde un DVD ce soir ? *Maurice Richard* avec Roy Dupuis, ça te va ?

– Roy Dupuis, **celui qui** est passé à la télévision dimanche ?

b. Exactement !

– Comment s'appelle l'actrice, _____ joue le rôle de sa femme ?

c. Julie Le Breton, _____ tu as trouvée excellente dans *Starbuck*, la comédie qu'on a vue la semaine dernière.

– Ah oui, _____ il y a deux policiers, un Québécois et un Ontarien.

d. Non, tu confonds avec *Bon Cop, Bad Cop*, c'est _____ il y a Patrick Huard qui joue un policier québécois très drôle.

C'est Lucie Laurier qui y joue, _____ tu trouves très jolie. J'adore les films policiers parodiques.

– Ce sont _____ je préfère.

e. Alors d'accord pour voir *Maurice Richard* ?

– Si c'est _____ tu veux voir, regardons-le.

3. Complétez avec « ce ... qui » ou « ce .... que ».

• Qu'est-ce que tu veux écouter ?

– Ce que tu veux...

• Mais dis-moi _____ tu as envie d'écouter. Avec toi, _____ est énervant, c'est que tu

n'oses pas dire _____ tu penses.

– Non, mais d'habitude, j'aime bien _____ tu me fais écouter ou _____ tu me fais lire.

• Alors on écoute _____ me plaît : le dernier Daft Punk.

4. Lisez ces annonces publicitaires et complétez le tableau.

	Qui fait la publicité ?	Quel est le mot qui permet la comparaison ?	Qu'est-ce qui est comparé ?
a.	Une compagnie d'assurances	comme	Deux lieux (la mer, la montagne)
b.			
c.			
d.			
e.			
f.			

À la mer comme à la montagne...

nous assurons.

a.

b.

B comme **B**udget.

C comme **C**rédit

c.

« **Habillez-moi** »

C'est aussi naturel qu'une jupe et un tee-shirt.

d.

Yogourt

Yogourt minceur

Nous surveillons votre ligne autant que vous !

Voyage plus

Plus que ce que l'on attend.
Et **moins cher** !

e.

Airbook 3

• moins de volume
• plus rapide
• meilleures performances

f.

5. Commentez les chiffres des pratiques culturelles des Canadiens.

a. Dépenses – musées : 108 $ / arts de la scène : 39 $.

Les Canadiens dépensent plus pour les musées que pour les arts de la scène. C'est pour les musées qu'ils dépensent le plus.

b. Sorties – cinéma : 81 $ / Évènements sportifs et spectacles en salle : 126 $

_____

c. Sports - golf : 20 % / hockey : 17 %

_____

d. Déplacements domicile-travail – Transports en commun : 12 % / automobile : 74 %

_____

e. Internet : tablette ou téléphone intelligent : 53 % / ordinateur : 33 %

_____

Entraînement à l'oral

Vocabulaire

- audition (n.f.) _____
- bar-spectacle (n.m.) _____
- guichet automatique (n.m.) _____

- monologuiste (n.m. ou n.f.) _____
- réparation (n.f.) _____
- avertir (v.) _____

- compter sur (v.) _____
- consulter (v.) _____
- sélectionner (v.) _____

Prononcez

1. 🎧 35 **Écoutez et distinguez.**

	[s]	[z]
a.		
b.		
c.		
d.		
e.		
f.		

Vérifiez votre compréhension

2. Avez-vous bien compris l'histoire ? Répondez aux questions.

a. Que font Cédric et Justine ? _____

b. Comment Omar rencontre-t-il Charlotte ? _____

c. Comment fêtent-ils leur sélection après l'audition ? _____

d. Où est-ce que Charlotte travaille le soir ? _____

e. Qu'est-ce qu'Omar écrit ? _____

f. Qu'est-ce que le patron du Troubadour propose à Charlotte et à Omar ? _____

3. ⏱ 36 Écoutez ces répondeurs téléphoniques. Que doit faire celui qui appelle ?

a. _____

b. _____

c. _____

d. _____

e. _____

Parlez

4. ⏱ 37 Exprimez l'indifférence. Répondez comme dans l'exemple.

On prépare la valise.

a. Quelle robe veux-tu prendre ? – **N'importe laquelle, celle que tu veux.**

b. Quel chandail veux-tu emporter ? – _____

c. Quelles chaussures veux-tu prendre ? – _____

d. Quels livres voudras-tu lire ? – _____

e. Quelle casquette voudras-tu porter ? – _____

5. ⏱ 38 Faites des remarques superlatives avec _le plus_, _le meilleur_, _le mieux_.

a. C'est un bon restaurant ? – **Oui, c'est le meilleur.**

b. Il est bien fréquenté ? – _____

c. La cuisine est aussi bonne qu'ailleurs ? – _____

d. Il est très cher ? – _____

e. Il est bien situé ? – _____

Pages Écrits et Civilisation

Vocabulaire

• abonnement (n.m.) _____	pourboire (n.m.) _____	calculer (v.) _____
abri (n.m.) _____	prélèvement (n.m.) _____	clôturer (v.) _____
allocation (n.f.) _____	reçu (n.m.) _____	comparer (v.) _____
caissier (n.m.) _____	relevé (de compte) (n.m.) _____	débuter (v.) _____
clavier (n.m.) _____	retrait (n.m.) _____	déposer (v.) _____
découvert (à) (n.m.) _____	solde (n.m.) _____	désirer (v.) _____
dépense (n.f.) _____	taxe (n.f.) _____	économiser (v.) _____
dépôt (n.m.) _____	taxe foncière (n.f.) _____	insérer (v.) _____
guichet (n.m.) _____	touche (n.f.) _____	mémoriser (v.) _____
impôt (n.m.) _____	versement (n.m.) _____	obtenir (v.) _____
notaire (n.m.) _____	virement (n.m.) _____	retirer (v.) _____
opération (n.f.) _____	• bancaire (adj.) _____	saisir (v.) _____
parcomètre (n.m.) _____	brut (adj.) _____	toucher (v.) _____
plombier (n.m.) _____	• appuyer (v.) _____	

1. Trouvez le contraire.

a. déposer de l'argent dans un compte   ≠ **retirer de l'argent**

b. économiser ≠ _____

c. être à découvert ≠ _____

d. ouvrir un compte ≠ _____

e. gagner de l'argent au jeu ≠ _____

2. Remettez dans l'ordre les instructions d'un guichet automatique bancaire.

a. Voulez-vous effectuer une autre opération ?

c. Choisissez le montant.

b. Insérez votre carte.

d. N'oubliez pas votre reçu. Nous vous remercions de votre visite.

e. Voulez-vous faire un retrait, un dépôt ou consulter votre solde ?

f. Nous vérifions votre solde disponible. Veuillez patienter.

g. Votre demande est acceptée. Retirez vos billets.

Ordre des instructions : _____

3. Associez le verbe et son complément.

a. Insérer	**1.** un salaire
b. Recharger	**2.** sur le bouton de la sonnette
c. Toucher	**3.** la clé dans la serrure
d. Récupérer	**4.** un dossier de demande de passeport
e. Appuyer	**5.** les déchets recyclables
f. Déposer	**6.** la batterie du cellulaire

4. Relisez le texte de la page 113. Dites si les affirmations suivantes sont vraies ou fausses ?
Au Canada...

	vrai	faux
a. Tous les commerçants n'acceptent pas les billets de 50 $.	☐	☐
b. Les pourboires ne sont pas obligatoires, mais fortement conseillés.	☐	☐
c. Il n'existe pas de différence entre salaire brut et salaire net.	☐	☐
d. Dans les prix des services, les taxes ne sont souvent pas comprises.	☐	☐
e. Un loyer inclut les charges de l'immeuble.	☐	☐
f. Les Canadiens paient des impôts sur leur salaire et leur propriété.	☐	☐

Je sais faire

Vous allez apprendre à :

☑ parler d'une activité professionnelle
☑ utiliser les formes de l'appréciation
☑ remplir un document d'information

Travail avec les pages Interactions

Vocabulaire

- archéologue (n.m.) _____
- artisan (n.m.) _____
- attaché (n.m.) _____
- bibliothécaire (n.m./f.) _____
- boucher (n.m.) _____
- boulanger (n.m.) _____
- casse-tête (n.m.) _____
- chantier (n.m.) _____
- commerçant (n.m.) _____
- concepteur (n.m.) _____
- consultant (n.m.) _____
- diplomate (n.m.) _____

- économiste (n.m.) _____
- environnement (n.m.) _____
- épicier (n.m.) _____
- garagiste (n.m.) _____
- jardinier (n.m.) _____
- maçon (n.m.) _____
- marketing (n.m.) _____
- menuisier (n.m.) _____
- militaire (n.m.) _____
- moyen (n.m.) _____
- multimédia (n.m.) _____
- pâtissier (n.m.) _____

- psychologue (n.f./m.) _____
- restaurateur (n.m.) _____
- sociologue (n.f./m.) _____
- styliste (n.f./m.) _____
- efficace (adj.) _____
- entreprenant (adj.) _____
- honnête (adj.) _____
- terre à terre (adj.) _____
- agir (v.) _____
- cliquer (v.) _____
- entraîner (v.) _____
- profiter (v.) _____

1. Trouvez les formes féminines des activités.

a. Daniel est chercheur ? Et sa femme ? Elle est _____ aussi ?

– Non, elle a étudié le dessin, elle est _____ .

b. Philippe est journaliste. Est-ce que vous savez si sa femme est aussi _____ ?

– Non, elle a fait ses études en médecine, elle est _____ .

c. Lui est boulanger ? Et elle, elle est _____ ?

– Non, elle fait les gâteaux, elle est _____ .

d. Christophe s'occupe de psychologie, il est _____ et Stéphanie s'occupe de sociologie, elle est

_____ .

e. Cyril est directeur des ressources humaines. Et sa compagne ? Elle est aussi _____ ?

2. Complétez ces petites annonces.

informaticien – agent immobilier – ingénieur – infirmier – responsable du marketing – architecte.

a.
Entreprise de mécanique recherche
un/une _____ en robotique.

b.
Groupe de produits de beauté
recherche pour développer
ses ventes un/une _____.

c.
Cabinet immobilier,
fort développement,
recrute des _____.

d.
Centre hospitalier universitaire
recherche _____ / _____
pour services spécialisés.

e.
Groupe bancaire recrute
un/une _____
pour développer ses services en ligne.

f.
Cabinet d'urbanisme
recherche un/une _____
spécialisé(e).

3. À quelle profession vous font penser ces objets ?

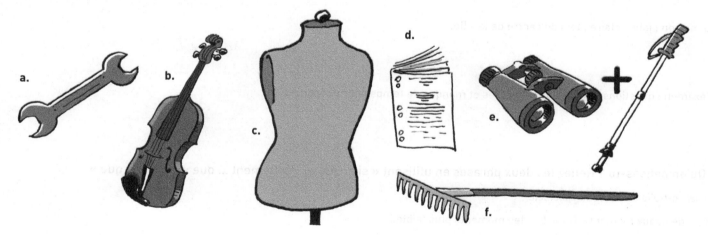

a. b. c. d. e. f.

4. Associez profession et catégorie professionnelle.

a. vendeur de vêtements

b. directeur des ressources humaines

c. employé de l'État

d. écrivain

e. électricien

f. boulanger

1. intellectuel

2. artisan

3. commerçant

4. fonctionnaire

5. cadre

6. ouvrier

5. Parlez d'une profession. Complétez avec un verbe de la liste.

être – exercer – faire – s'occuper de – travailler.

a. Qu'est-ce qu'il **fait** comme métier ?

b. Elle _____ dans quoi ? Dans la mode. Elle _____ styliste.

c. Qu'est-ce que vous _____ dans la vie ? – Je _____ infirmière. Je _____ des malades.

d. Vous _____ quelle profession ? – Je _____ plombier.

e. Vous _____ un métier manuel ou intellectuel ? – Je suis sportif.

Travail avec les pages Ressources

Vocabulaire

• agent (n.m.) _____   malheureusement _____   tellement _____

• malgré _____

1. Présentez les avantages et les inconvénients en utilisant « trop », « très » « assez » « ne pas ... assez ».

a. film : beaucoup de violence ; situations complètement stéréotypées ; personnages attachants.

J'ai trouvé le film <u>trop</u> violent. Les situations sont <u>très</u> stéréotypées mais les personnages sont <u>assez</u> attachants.

b. le match : agréable à suivre ; joueurs pas très motivés pour gagner.

_____

_____

c. le voyage : long ; fatigant ; on garde un bon souvenir.

_____

_____

d. la maison : jolie ; claire ; loin du centre de la ville.

_____

_____

e. l'examen : questions difficiles, nombreuses et manque de temps pour y répondre.

_____

_____

2. Qu'en penses-tu ? Reliez les deux phrases en utilisant « si ... que », « tellement ... que », « tant ... que ».

Que pense-t-elle du nouveau spectacle ?

a. Il y a de beaux moments. On oublie les moments plus faibles.

→ **Il y a tellement de beaux moments qu'on oublie les moments plus faibles.**

b. C'est très différent du livre. On découvre autre chose.

→ _____

c. L'orchestre joue fort. On n'entend plus les chanteurs.

→ _____

d. Les acteurs doivent parler très fort. On a souvent l'impression qu'ils crient.

→ _____

e. Il y a beaucoup de bruit. Les spectateurs sont contents de partir.

→ _____

3. Combinez les deux verbes.

a. Tu viens en vacances avec moi ? **–** Oui, *(vouloir)*. → **Oui, je veux venir.**

b. Tu partirais en juillet ? – Oui, *(aimer)* → _____

c. On prendra ta voiture ? – Non, *(pouvoir)* → _____

d. On rentrera fin août ? – Non, *(pouvoir)* → _____

e. Tu passes des examens en septembre ? – Oui, *(se préparer à)* → _____

f. Tu fais toujours du droit ? – Oui, *(continuer)* → _____

g. Et tu fais toujours de la photo ? – Non, *(arrêter)* → _____

4. Exprimer l'opposition. Complétez avec les mots de la liste.

pourtant – malgré – au contraire – en revanche – au lieu de – heureusement.

a. Mario ne lit jamais de romans policiers, **pourtant** il a lu le dernier Chrystine Brouillet.

b. _____ le travail qu'il a, il est arrivé à trouver du temps pour le lire.

c. _____, son examen n'est que dans un mois.

d. _____, Sophie qui a beaucoup de temps libre n'a pas réussi à le lire.

e. _____ lire, elle préfère aller au cinéma.

f. _____ pour elle, les vacances approchent !

🎧 Entraînement à l'oral

Vocabulaire

• aile (n.f.) _____	stationnement (n.m.) _____	jurer (v.) _____
batterie (n.f.) _____	tournée (n.f.) _____	reculer (v.) _____
bêtise (n.f.) _____	• vigilant (adj.) _____	reprocher (v.) _____
communication (n.f.) _____	• bloquer (v.) _____	tarder (v.) _____
constat (n.m.) _____	deviner (v.) _____	valoir la peine (v.) _____
maison de production (n.f.) _____	enfoncer (v.) _____	au contraire (adv.) _____
maladresse (n.f.) _____	faire exprès (v.) _____	

Prononcez

1. **⏱ 39** Écoutez et répétez les phrases avec des « r ».

– Moi j'aimerais être coiffeur.

– Et moi, garagiste. Et toi, qu'est-ce que tu voudrais devenir ?

– Moi ? Acteur. *Starbuck*, tu connais ?

– « Qu'est-ce que je peux faire... j'sais pas quoi faire... »

– Ou alors restaurateur... c'est plus terre à terre.

Vérifiez votre compréhension

2. Avez-vous bien compris l'histoire ? Écoutez les questions et répondez.

a. Qu'est-ce que Nadia reproche à Omar ? _____

b. Quelles sont les différences entre Nadia et Omar ? _____

c. À quelle occasion Omar rencontre-t-il l'automobiliste ? _____

d. Pour quelle entreprise travaille l'automobiliste ? _____

e. Quelle proposition Daniel fait-il à Omar ? _____

f. Dans quel pays Omar se trouve-t-il quand il téléphone à son père ? _____

g. Qui est à côté de son père ? _____

3. 🕐 40 Écoutez le récit de l'accident. Prenez des notes. Faites le croquis de l'accident. Rédigez les circonstances de l'accident dans une lettre pour la compagnie d'assurances. (À faire après le travail sur la page « Écrits ».)

Parlez

4. 🕐 41 Répondez en une seule phrase comme dans l'exemple.

a. Tu déjeunes avec moi ? Tu le veux bien ? – **Oui, je veux bien déjeuner avec toi.**

b. Tu viendras seule ? C'est ce que tu souhaites ? → – Oui, _____

c. Tu te libéreras ? Tu y arriveras ? → – Oui, _____

d. Tu arriveras à l'heure, tu l'espères ? → – Oui, _____

e. Et c'est toi qui réserveras, tu ne l'oublieras pas! → – Non, _____

5. 🕐 42 Reliez comme dans l'exemple avec « tellement ... que » ou « si ... que ».

Serveur

a. Il y a beaucoup de travail ; je ne peux pas me libérer.

→ **Il y a tellement de travail que je ne peux pas me libérer.**

b. On est peu nombreux ; je dois travailler plus longtemps.

→ _____

c. Le soir, les clients restent tard ; je ne rentre pas avant minuit.

→ _____

d. Le soir, il y a beaucoup de monde ; je ne trouve pas de taxi.

→ _____

Pages Écrits et Civilisation

Vocabulaire

• angle (n.m.)	véhicule (n.m.)	endommager (v.)
assurance (n.f.)	vol (cambriolage) (n.m.)	freiner (v.)
boursier (n.m.)	• corporel (adj.)	garer (se) (v.)
conducteur (n.m.)	matériel (adj.)	gérer (v.)
dégât (n.m.)	• accélérer (v.)	heurter (v.)
incendie (n.m.)	cambrioler (v.)	rémunérer (v.)
maternité (n.f.)	causer (v.)	renverser (v.)
pare-brise (n.m.)	constater (v.)	rouler (v.)
permis (de conduire) (n.m.)	couvrir (v.)	souscrire (v.)
prestations (n.f.p.)	croiser (v.)	stationner (v.)
régie (n.f.)	démarrer (v.)	• ci-joint
serrure (n.f.)	doubler (v.)	violemment

1. Le vocabulaire de la voiture. Reliez le nom avec la partie du dessin correspondante.

Le volant – la roue – le coffre – le toit – la portière – le moteur – le phare – l'aile – le capot – le pneu – le pare-brise – l'essuie-glace – le pare-chocs.

2. Trouvez l'action contraire.

a. démarrer ≠ _____

b. avancer ≠ _____

c. accélérer ≠ _____

d. stationner ≠ _____

e. allumer les phares ≠ _____

f. suivre un véhicule ≠ _____

3. De quel type d'assurance ont-ils besoin ?

Assurance

a. Je veux acheter une voiture.

b. Je dois consulter un médecin.

c. Je ne veux pas que mon appartement soit cambriolé.

d. J'aimerais bien conduire une moto cet été.

e. Je viens de perdre mon emploi car l'entreprise a fait faillite.

1. maladie

2. emploi

3. habitation

4. automobile

4. Lisez le texte de la page 121. Dites si les affirmations suivantes sont vraies ou fausses.

	vrai	faux
a. Tout le monde peut recevoir une carte d'assurance maladie du Québec.	☐	☐
b. Vous avez besoin d'un numéro d'assurance sociale pour pouvoir travailler au Canada.	☐	☐
c. Pour conduire une voiture, vous devez posséder seulement votre permis de conduire.	☐	☐
d. L'assurance habitation couvre la responsabilité civile.	☐	☐
e. La Régie de l'assurance maladie du Québec administre les régimes publics d'assurance maladie.	☐	☐
f. L'assurance emploi aide les personnes qui ont perdu leur emploi sans en être responsables.	☐	☐

• Compréhension de l'oral

1. ⏱ **43 Vous écoutez vos messages sur votre téléphone portable. Vous notez :**

– le numéro de téléphone de la personne qui a laissé un message ;

– l'heure du message ;

– le nom de la personne ou du service ;

– le thème du message.

	numéro de téléphone	heure	nom de la personne ou du service	thème
1.				
2.				
3.				
4.				
5.				

• Compréhension des écrits

Lisez ce document et répondez aux questions.

CHÂTILLON

Accueil

ÉTONNEZ-VOUS

Une équipe dynamique à votre écoute !

Plan intercatif

→ **Notre service ACCUEIL vous conseille...**
Un large choix de dépliants touristiques gratuits à votre disposition : parcours découvertes ; listes des hôtels, auberges et restaurants ; calendrier des manifestations ; guide des loisirs ; informations pratiques ; billetterie spectacles...
Contact : infochatillon-accueil@wanadoo.fr

→ **Notre service GROUPES vous guide...**
Visites commentées de la cité médiévale ; circuits thématiques ; tour des 1 000 étangs de la Dombes...
Contact : infochatillon-groupe@wanadoo.fr

Contact

→ **Notre espace BOUTIQUE vous présente...**
Ouvrages sur le patrimoine local ; guides de randonnées pédestres et cyclo ; livres de recettes des produits du terroir...
Contact : infochatillon-boutique@wanadoo.fr

Infos

→ **Notre programme FAMILLE vous propose...**
Une aventure-jeu « Détective de la cité médiévale » ; des balades familiales à thèmes (médecine d'hier ; artisanat d'aujourd'hui) ; des cours de cuisine ; des ateliers au musée Tradition et Vie ; des rencontres avec les artisans d'art...
Contact : infochatillon-famille@wanadoo.fr

1. Il s'agit :
☐ **a.** d'une page de journal
☐ **b.** d'un dépliant publicitaire
☐ **c.** d'une page Internet

2. L'annonce présente :
☐ **a.** des services
☐ **b.** des cours
☐ **c.** des spectacles

3. Les informations s'adressent :
☐ **a.** aux professionnels du voyage
☐ **b.** aux touristes
☐ **c.** aux enfants

4. Comment peut-on obtenir de l'information ?
☐ **a.** par téléphone   ☐ **b.** par lettre   ☐ **c.** par Internet

5. À quelle adresse dois-je écrire si je veux avoir des informations sur :

a. des cours de cuisine : _____

b. le tour des 1000 étangs : _____

c. des guides de randonnées : _____

d. le calendrier des manifestations : _____

6. À qui propose-t-on : _____

a. des aventures-jeux : _____

b. des circuits thématiques : _____

c. des ateliers : _____

• Production écrite

Complétez la lettre à l'aide des mots ci-dessous.

Impressionné – compliqué – voiture de location – route – jour le jour – chance – s'améliorer – métier – message – emmener – surprise – tomber en panne – content.

Chère Annouk,

Merci pour ton long _____. Moi aussi, j'ai été très _____ de te revoir, d'évoquer les beaux moments que nous avons passés ensemble... J'ai été très _____ par les nouveaux projets que tu développes. Tu fais vraiment un _____ qui te plaît : on le voit et on l'entend quand tu en parles.

Nous venons d'arriver dans le Midi, mais quelle _____, il ne fait pas beau... Décidément, nous n'avons pas de _____. Le voyage a été un peu _____ car nous sommes _____ avec la _____ ; nous avons dû coucher en _____ et repartir avec une autre _____ le lendemain. Décharger la voiture, la recharger... Ce n'est pas vraiment des vacances ! Mais nous avons eu de la chance... nous sommes _____ dans un très joli village et les gens à l'hôtel ont été charmants.

Maintenant, nous sommes installés et nous attendons que le temps _____. Les enfants lisent, regardent la télévision ou jouent avec leur console de jeu... et on fait tous ensemble des parties de Scrabble ou de Trivial Poursuit. Demain, si ça continue, nous _____ les enfants au Musée océanographique de Monaco... Tu vois, on vit au _____ : c'est bien les vacances !

Grosses bises et à bientôt de tes nouvelles.

• Production orale

Voici votre agenda possible de la journée. Décrivez une journée habituelle.

Lundi		**Lundi**	
1 h		**13 h** 13h30 reprise du travail jusqu'à 18 h	
2 h		**14 h**	
3 h		**15 h**	
4 h		**16 h**	
5 h		**17 h**	
6 h		**18 h**	
7 h 7 h lever, douche / 7h30 petit déjeuner – s'habiller		**19 h** 19h courses – retour à la maison	
8 h 8 h départ – métro / 8h30 début de la journée de travail		**20 h** 20h dîner + infos télé	
9 h		**21 h** 20h45 début de la soirée : émission télé ou DVD ou lecture et un peu d'Internet	
10 h 10h30 pause café		**22 h**	
11 h		**23 h** 22h30–23 h coucher	
12 h 12h30 déjeuner à la cantine avec les collègues		**24 h**	

NOTES

Crédits photographiques
p. 6 : © Alliance Vivafilm Inc.
p. 20 : Ministère des Transports du Québec.
p. 68 : g Ph. © WTN Pictures/AFP.
p. 68 : d Ph. © Joanna Vestey/CORBIS.

Projet : 10244542
Imprimé en mars 2018 en Italie par Grafica Veneta

écho

MÉTHODE DE FRANÇAIS
POUR L'AMÉRIQUE DU NORD

CAHIER PERSONNEL
D'APPRENTISSAGE

Corrigés et Transcriptions

J. Girardet - J. Pécheur
F. Olivry - D. Liakin - N. Liakina - H. Boivin

CLE
INTERNATIONAL
www.cle-inter.com

A2

CLE International/Sejer, 2015

ISBN : 978-2-09-038514-4

Unité 1

Leçon 1

Interactions – p. 5-6

1. a. a augmenté – **b.** se sont développés ; **c.** a évolué – **d.** a diminué – **e.** sont devenus – **f.** ont changé.

2. a. nourriture – **b.** métier – **c.** paix – **d.** chiffre – **e.** riche – **f.** terre – **g.** partie – **h.** pétrole.

3. b. augmentation des prix –**c.** développement des banlieues – **d.** diminution des aides aux chômeurs – **e.** remplacement de l'entraîneur de l'équipe de football – **f.** obligation de travailler.

4. a. le cancer, le sida, vivre, malade, le corps. – **b.** la paix, signer, les relations. – **c.** la forêt, l'espace naturel.

5. A. a1, b5, c3, d4, e2, f6, g7.
B. demain – le futur – l'avenir – projet – future – prochain – c'est possible.
C. a7, b6, c5, d1, e2, f3, g4.

Ressources – p. 7-9

1. Dire : tu dis, il/elle dit, ils/elles disent. Interdire : j'interdis, tu interdis, il/elle interdit, nous interdisons, ils/elles interdisent. Vivre : je vis, tu vis, vous vivez, ils/elles vivent.

2. je travaillerai, tu t'arrêteras, il jouera, nous comprendrons, vous dormirez, elles se rencontreront, je ferai, tu viendras, elle ira, nous serons absents, vous aurez du temps, ils pourront sortir.

3. b. j'irai au mariage de Léa – **c.** nous ferons un cadeau – **d.** tu danseras – **e.** je ferai un bon repas – **f.** Léa et son mari partiront – **g.** ils se souviendront de leur rencontre.

4. a. sortira – **b.** appellerai – **c.** irez – **d.** viendra – **e.** prendrez – **f.** apprécieront, aurons – **g.** ferons.

5. sera, aura, pourra, développerons, enverrons.

6. ferai, inviterai, achèterai, prendrons, partirons, oublierai.

7. b. nous développerons les transports en commun – **c.** nous utiliserons mieux les crédits – **d.** nous programmerons de nouveaux logements – **e.** nous développerons de nouvelles énergies.

8. a. moins qu' – **b.** autant que – **c.** moins qu' – **d.** plus que, moins que – **e.** plus – **f.** moins – **g.** autant.

Entraînement à l'oral – p. 9-10

1. a. je développerai – **b.** tu diminueras – **c.** il transportera – **d.** nous hésiterons – **e.** vous mesurerez – **f.** elles fermeront.

2. « an » : **a.** manges – **c.** maintenant – **e.** exactement – **g.** sandwich, jambon – **h.** blanc – **i.** excellent.
« in » : **b.** faim – **c.** maintenant, moins, vingt – **d.** interdit – **f.** végétarien.
« on » : **g.** jambon.

4. b. J'arrêterai de fumer. – **c.** Je mangerai régulièrement. – **d.** Je ferai du sport. – **e.** Je ne boirai plus.

Écrits et civilisation – p. 11-12

1. a. une discussion – **b.** l'école connaît des diffi cultés, l'informatique peut aider à résoudre certains problèmes, on doit faire des choix dans l'utilisation des moyens.

2. 8 % des étudiants de l'enseignement supérieur sont des étrangers / les études de doctorat durent 3 ans et plus / les jeunes Québécois commencent le secondaire à l'âge de 12 ans / à 6 ans, tous les enfants vont à l'école / 7 % des élèves sont dans des écoles privées.

Leçon 2

Interactions – p. 13-14

1. a. Michael Moszberg, trouver un forfait idéal pour le gymnase, une application mobile Gymbirds.
b. Gaëlle Cerf, absence de cuisine de rue au Québec, dizaines de camions de cuisine circulent dans les rues.
c. une Québécoise, vacances pas chères au Québec, site de petites annonces de location à court terme.
d. le lien entre café et santé, mettre des vitamines et des plantes qui guérissent.

2. a3, b5, c1, d6, e2, f4.

3. Métier de la communication : religieux, animateur, présentateur, journaliste.
Métier de services : policier, réparateur, médecin, infirmière, professeur, biologiste, informaticien, réceptionniste, serveur.
Métiers manuels : fermier, coiffeur, traiteur.
Métiers techniques : dessinateur, technicien, contrôleur, ingénieur.
Métiers artistiques : poète, magicien, musicien.

4. b. il administre – **c.** il dirige – **d.** il gère – **e.** elle répare – **f.** il sert – elle anime – **h.** elle coiffe.

5. d, a, b, f, h, g, e, c.

Ressources – p. 14-15

1. b. Oui, j'en ai vu une – **c.** Non, je n'en fais pas.
– **d.** Non, je n'en ai pas – **e.** Oui, j'en ai une – **f.** Non, je n'en ai pas besoin.

2. b. Oui, j'en fais. / Non, je n'en fais pas.
c. Oui, j'en bois. / Non, je n'en bois pas.
d. Oui, j'en écoute. / Non, je n'en écoute pas.
e. Oui, j'en mange. / Non, je n'en mange pas.
f. Oui, j'en mets. / Non, je n'en mets pas.
3. b. j'y vais – **c.** ils y viendront – **d.** je n'y irai pas – **e.** je n'y participerai pas – **f.** j'y assisterai.

4. b. Oui, j'y vais. – **c.** Non, je n'y participe pas. – **d.** Oui, j'y travaille. – **e.** Oui, j'y pense. – **f.** Non, je n'y vais pas.

5. b. elle en a réservé – **c.** il y en a une – **d.** je n'y resterai pas – **e.** je n'en ai pas.

6. b. Oui, si on partage le loyer. – **c.** Oui, si tu le sors le soir. – **d.** Oui, si tu ne joues pas de la musique jazz. – **e.** Oui, si on ne l'appelle pas Maurice ou Mauricette.

Entraînement à l'oral – p. 16

1. a. conseiller, compétent, avec, caractère – **b.** guide, grand, groupe – **c.** magasin, cartes, crédit – **d.** quatre, kilos, gâteaux, confiture – paquets, cigarettes, chocolat.

2. 12, rue Oméga, Brossard, J4Y 3A9
514 188-2534
Courriel : jubri@courriel.ca
DEP en commerce
anglais, espagnol
soccer, maquettes de bateau, musique house.

3. a. 5-6 – **b.** 3-4 – **c.** 3 – **d.** 2 – **e.** 1-2 – **f.** 1.

Écrits et civilisation – p. 17-28

1. a. tableau – **b.** demande – **c.** réaction – **d.** chômage – **e.** médecin.

2. a. chômeur – **b.** architecte – **c.** moteur – **d.** une moitié – **e.** syndicats – **f.** améliorer – **g.** médiathèque.

3. a. Madame, Monsieur
b. Je vous prie d'agréer, Madame, Monsieur, l'expression de mes sentiments les meilleurs.
c. diplômée de l'École d'architecture du Caire
d. réalisation d'une bibliothèque, création d'un musée
h. faire un stage
i. améliorer ses compétences
j. parle anglais, arabe, français.
k. je vous remercie à l'avance de me dire si ce stage est possible.

4. b. offre, traductrice, traduction technique, travail à distance.
c. demande, Tourisme Montérégie, guide, deux langues exigées.
d. demande, laboratoire médical, chef de produit, diriger une équipe de dix personnes.

e. offre, musicien, cours de piano, dans la journée.

f. demande, Procom, délégué commercial, diplôme en commerce international et formation enlangues étrangères appliquées.

g. offre, Lucasprint, photographe, tout type de photos.

Leçon 3

Interactions – p. 19-20

1. *Chasseurs contre photographes* : les photographes sans gilets fluo dans la forêt, les chasseurs peuvent prendre les photographes pour des animaux sauvages.

Des vaches : les cloches, ne peuvent plus dormir.

Non au cellulaire au volant ! : l'utilisation du téléphone cellulaire en voiture parce que c'est une distraction au volant.

Irresponsable : les graffitis et le *street art*, le propriétaire du magasin estime que cela détériore la façade du magasin.

2. *Sentiments* : ... le jeune homme reste toujours sceptique devant la sévérité ...

Opinions : D. n'est pas contre mais il dit que..., F. refuse et répète..., Selon la Société de l'assurance automobile du Québec (SAAQ), l'utilisation ...

3. a. pense, **b.** imagine, **c.** trouve, **d.** propose, **e.** suis sûr, **f.** précise.

4. Pour : b, d, e, g, i – Contre : c, f, h.

5. a5, b3, c2, d1, e4.

6. a. Interdiction de tourner à gauche. – **b.** Interdiction de s'arrêter. – **c.** Obligation de tourner à droite. – **d.** Interdiction de faire du feu. – **f.** Attention aux enfants.

Ressources – p. 21-23

1. a. je sorte, tu fasses du sport, elle marche, nous nous détendions, vous vous promeniez, ils dorment

b. tu écoutes, il lise, nous écrivions, elles fassent.

c. tu sois en retard, nous n'ayons pas le temps, vous perdiez du temps, elles soient fatiguées.

2. b. Il faut que tu ailles laver la voiture. – **c.** Il faut aussi que tu prennes de l'essence. – **d.** Il faut que vous rangiez votre chambre. – **e.** Il faut que nous soyons prêts à 14 h. – **f.** Il ne faut pas que nos amis nous attendent.

3. b. Il faut que j'aie un bon sujet. – **c.** J'ai peur que les tests soient diffi ciles. – **d.** Je souhaite que le jury soit sympathique. – **e.** J'ai envie que Madame Duval soit dans le jury. – **f.** Je préfère que tu ne viennes pas.

4. a. se voie – **b.** viennes – **c.** attendre – **d.** m'attendes – **e.** sois en retard – **f.** comprennes.

5. b. Elle n'a pas envie qu'il vienne cette fin de semaine. – **c.** Il adore qu'elle mette de beaux vêtements. – **d.** Elle préfère qu'il boive de l'eau. – **e.** Ça l'étonne qu'elle parte seule. – **f.** Il a peur qu'elle choisisse un autre partenaire.

6. b. Je ne loge qu'à l'hôtel Riviera. / Je loge seulement à l'hôtel Riviera.

c. Je ne mange que du poisson. / Je mange seulement du poisson.

d. Je ne bois que du vin. / Je bois seulement du vin.

e. Je n'aime que les endroits tranquilles. / J'aime seulement les endroits tranquilles.

f. Je ne fais que du bateau. / Je fais seulement du bateau.

7. b. Non, elle ne mange que des yogourts. – **c.** Non, elle ne lit que des romans policiers. – **d.** Non, elle ne fait que du tennis. – **e.** Non, elle n'écoute que Beethoven.

8. vrai : c., f. – **faux** : a., b., d., e., g.

Entraînement à l'oral – p. 23-24

1. « t » : **a.** x, **b.** xx, **c.** xx, **d.** xxx, **e.** x, **f.** xx. « d » : **a.** xx, **c.** x, **e.** xx, **f.** x.

2. b. Il faut que tu te lèves. – **c.** il faut que nous nous préparions. – **d.** Il faut que vous vous habilliez. – **e.** Il faut que vous preniez votre déjeuner. – **f.** Il faut que vous fassiez votre lit.

1. a. 10 – **b.** 3 – **c.** 10 000 000 – **d.** 1867 – **e.** du mot iroquois « kanata » qui signifie village.

2. a. nomme – **b.** choisit – **c.** représente – **d.** élisent – **e.** dirigent.

Leçon 4

Interactions – p. 25-26

1. a5, b3, c7, d1, e2, f8, g4, h6.

2. a. interviewe – **b.** commentent – **c.** analysent – **d.** enquêtent – **e.** présente – **f.** anime.

3. b. une animation – **c.** un commentaire – **d.** une enquête – **e.** une interview – **f.** une présentation.

Ressources – p. 26-28

1. a. J'ai vu l'émission « Flip » qui m'a beaucoup plu.
b. J'ai regardé « Soleil tout inclus » où j'ai appris beaucoup de choses sur la République dominicaine.
c. Je regarde chaque semaine l'émission « Aubaines et Cie » qui me permet de prendre les meilleures décisions sur les achats.
d. J'aime bien l'émission « Tout le monde en parle » que je ne manque jamais.
e. Je suis mélomane, je suis accro à « Vidéodose » où on propose toujours les meilleurs clips.
f. « Hockey 360 » est une très bonne émission sur le hockey que je regarde très souvent.

2. a. où – **b.** qui – **c.** que – **d.** où – **e.** qui – **f.** que.

3. b. Le garçon qui a des cheveux verts. – **c.** L'homme qui a l'oreille cassée. – **d.** La fille qui a une valise. – **e.** La femme qui a deux visages.

4. b. Allez voir Magog qui est une belle ville. – **c.** Goûtez la tourtière du Lac Brôme qui est un très bon plat. – **d.** Allez écouter Garou qui chante à Sherbrooke.

5. b. C'est à Cuba que je vais. – **c.** C'est un studio que je cherche. – **d.** C'est au centre culturel que je suis des cours. – **e.** C'est la bière que je préfère.

6. a. Nous avons beaucoup travaillé. – **b.** Nous avons très bien développé le projet. – **c.** Nous avons pris rapidement les bonnes décisions. – **d.** Nous avons bien avancé dans les recherches. – **e.** Nous sommes assez contents du résultat. – **f.** Nous sommes sortis très tard du bureau.

7. b. Je travaille en écoutant de la musique. – **c.** Elle zappe en téléphonant. – **d.** Il est au travail en cinq minutes en passant par le centre-ville. – **e.** Il a eu le poste de directeur en travaillant beaucoup. – **f.** Il a gagné beaucoup d'argent en jouant au Loto.

8. a. Pour faire la promotion de sa webtélé. – **b.** Non, elle n'est pas très à l'aise. – **c.** Oui, on en parle. – **d.** À Madagascar. – **e.** Un petit producteur. – **f.** L'histoire du baobab.

Entraînement à l'oral – p. 28-29

1. a. c̸e n'est pas grav̸e – **b.** je n̸e l'ai pas vu – **c.** j̸e viens d'arriver – **d.** je n̸e sais pas – **e.** j̸e ṇ'en sais rien – **f.** eh b/en – **g.** pas̸ encore – **h.** vous̸ aussi.

2. *Surprise* : Vraiment !, Ça alors !, C'est vrai ?
Satisfaction : Trop fort !, Ah ! C'est bien…, Pas mal !
Déception : Ça ne fait rien., Dommage !, La prochaine fois, peut-être.

3. b. J'ai enregistré le film que tu as vu hier. – **c.** Je me suis connecté sur un site où il y a beaucoup d'informations. – **d.** J'ai téléchargé de la musique que j'écoute tout le temps. – **e.** J'ai programmé une émission qui est très amusante.

Écrits et civilisation – p. 29-31

1. Vrai : a, b, d, g. Faux : c, e, f.

2. a. des analyses et des nouvelles de la vie politique, économique, culturelle, sociale et sportive – **b.** une information variée et exclusive sur la province, les dernières décisions du gouvernement provincial, les spectacles.

3. a. télévision – **b.** magazine féminin – **c.** magazine politique et culturel – **d.** magazine sur les célébrités – **e.** magazine des affaires.

4. 1. partout en France, 21 juin, Fête de la musique, Christian Olivier du groupe Têtes Raides.
2. Au Québec, en 2014, l'introduction du cours d'histoire nationale, le ministre et les étudiants.
3. À Madrid, en Espagne, le soir du 30 décembre 2014, le test du carillon de l'horloge, les habitants.
4. Varallo, Lombardie (Italie), maigrir, les habitants.

Préparation au DELF A2 –
p. 32-33

Compréhension de l'oral
Jeune homme : 33 ans, 1,80 m, cheveux courts, jean, baskets.
Jeune femme : 25 ans, grande, cheveux longs, jupe noire, veste rouge, chaussures à talons.
Arthur : 8 ans, lunettes, blond, pantalon rouge, sweet bleu, tennis, sac à dos vert.
Vieux monsieur : 80 ans, petit, 1,60 m, yeux verts, cheveux gris blanc, costume gris, écharpe rouge.

Production orale
Demande : b, d, e, k.
Conflit : a, f, g, j.
Problème : c, h, i, l.
Compréhension écrite
Environnement : f – musique : c, h – livre : b – politique : i – société : e, g – sport : a – cinéma : d.

Unité 2

Leçon 5

Interactions – p. 35-36

1. a. un diplôme (ce n'est pas une activité de classe) – **b.** un cahier (ce n'est pas un livre) – **c.** la poésie (ce n'est pas un média) – **d.** la science (ce n'est pas une activité de langue) – **e.** un exercice (ce n'est pas une activité linguistique).

2. a. valider – **b.** expliquer – **c.** transcrire – **d.** connaître – **e.** savoir – **f.** demander – **g.** traduire.

3. a. le dossier – **b.** analyse – **c.** explications – **d.** études – **e.** connaissance.

4. a. s'est jetée – **b.** écrit – **c.** lire – **d.** comprend – **e.** apprend – **f.** traduit.

5. a. spontanéité – **b.** réflexion – **c.** indépendance – **d.** curiosité – **e.** charme.

Ressources – p. 36-38

1. donner : je donne, tu donnes – il donnait, nous donnions – vous donnerez, ils donneront.

retenir : elle retient, nous retenons – vous reteniez, elles retenaient – je retiendrai, tu retiendras.

comprendre : vous comprenez, ils comprennent – je comprenais, tu comprenais – il comprendra, nous comprendrons.

finir : je finis, tu finis – elle finissait, nous finissions – vous finirez, elles finiront.

2. a. 3 – **b.** 1 – **c.** 2 – **d.** 3 – **e.** 1 – **f.** 3 – **g.** 1 – **h.** 2 – **i.** 1 – **j.** 2 – **k.** 2 – **l.** 2 – **m.** 1 – **n.** 2.

3. j'organiserai ; je finirai ; tu viendras ; nous pourrons ; je ferai ; nous irons.

4. a. nous avions ; tu m'as dit ; tu n'étais pas. – **b.** tu as fait ; tu es sorti ; il faisait ; je me suis promené ; j'ai revu ; nous avons parlé ; nous avons pris ; a passé.

5. j'ai retrouvé ; j'ai reçu ; il vivait ; il travaille ; nous avons échangé ; il est venu ; nous avons passé ; il est arrivé ; il faisait ; nous nous sommes promenés ; il a beaucoup aimé ; nous nous sommes embrassés ; nous nous sommes assis ; il m'a raconté.

6. a. organisez – **b.** apprenez – **c.** faites – **d.** attendez – **e.** commencez et finissez – **f.** écrivez.

Entraînement à l'oral – p. 38-39

1. a. je joue̶, je jouerai – **b.** je chante̶, je chanterai – **c.** je décide̶, je déciderai – **d.** je répète̶, je répéterai.

2. a. Anne-Sophie – **b.** ses trente ans et ceux de ses quatre anciennes amies du cégep du Vieux-Montréal – **c.** dans un chalet en Outaouais – **d.** à Karine, Geneviève et Arielle – **e.** à Toronto – **f.** Arielle – **g.** il est en informatique mais il cherche du travail – **h.** une entreprise d'informatique.

3. je sais : a., c., d. – **je connais** : b., e., f.

4. a. je me souviens de François – **b.** je me rappelle le nom de l'hôtel – **c.** je me souviens des matchs sur la plage – **d.** je me rappelle les soirées au restaurant – **e.** je me souviens des sorties en bateau.

Écrits et civilisation – p. 39-40

1. a. 3 – **b.** 5 – **c.** 2 – **d.** 1 – **e.** 4.

2. a. amical – **b.** commercial – **c.** professionnel – **d.** convivial.

4. Katia : maman divorcée – constituer un cercle d'amis – en allant à la fête des voisins – oui, elle s'est formée un cercle d'amis avec qui elle fait des sorties et avec qui elle partage les mêmes intérêts.

Leçon 6

Interactions – p. 41-42

1. a. une course ; le jet ; la lutte ; le stade ; le succès ; courir ; lancer.
b. l'attraction ; le bal ; le manège ; le masque ; se déguiser ; se maquiller ; rire.
c. un défilé ; l'orchestre.

2. a. 7 – **b.** 4 – **c.** 1 – **d.** 5 – **e.** 2 – **f.** 3 – **g.** 6.

3. a. un manège – **b.** province – **c.** accent – **d.** masques – **e.** vainqueur.

4. a. attiré – **b.** ancré – **c.** précisé – **d.** lancé – **e.** déguisé – **f.** raté.

5. a. Canada – **b.** Suisse – **c.** États-Unis et Canada – **d.** Irlande.

Ressources – p. 42-43

1. a. Oui, je le connais. – **b.** Oui, je l'ai lu. – **c.** Oui, je l'ai aimée. – **d.** Oui, j'en achète souvent. – **e.** Oui, je les aime aussi.

2. a. Je l'ai invité... – **b.** Je les ai trouvés... – **c.** Il les a trouvées... – **d.** Il m'en a donné un. – **e.** Il les a faites...

3. nous ; leur ; lui ; l' ; me ; leur ; le ; le.

4. a. j'y suis allé – **b.** elle s'en souvient – **c.** je lui en ai fait un – **d.** elle en a toujours – **e.** j'y ai pensé – **f.** elle ne m'en a pas donné.

5. a. écrite – **b.** traduite – **c.** faite – **d.** vue – **e.** produite.

Entraînement à l'oral – p. 44-45

1. le : a., b., c., d. – **la** : b., c., e. – **les** : a., b., d., e.

2. a. en Outaouais – **b.** Jenny– **c.** du kayak – **d.** Non, mais c'est un copain de Mathieu qu'elle connaît – **e.** un riz au poulet et aux crevettes – **f.** un gâteau aux trois chocolats – **g.** il aide Rodrigo.

3. Dessins/instructions : 1. g – 2. f – 3. c – 4. h – 5. e – 6. b – 7. a – 8. d.

Ordre des instructions : c., g., b., d., h., a., e., f.

4. a. je la cherche – **b.** je les cherche – **c.** j'en cherche – **d.** j'en cherche un – **e.** je le cherche – **f.** j'y pense – **g.** je l'ai préparée.

Écrits et civilisation – p. 45-47

1. a. une marmite à pression – **b.** une fève – **c.** la poudre – **d.** la nappe – **e.** l'oignon.

Les ingrédients : 1. série c. – 2. série e. – 3. série a. – 4. série b. – 5. série d.

2. a. étaler – **b.** mélanger – **c.** faire cuire – **d.** trancher – **e.** arroser – **f.** saupoudrer – **g.** essuyer.

3. a. 3 – **b.** 5 – **c.** 1 – **d.** 2 – **e.** 4.

4. (1) Vendredi saint, Pâques, Lundi de Pâques, Noël – (2) Saint-Patrick, Nouvel An Chinois – (3) Fête des Mères, Fête des Pères, Action de grâce – (4) Fête nationale du Québec, Fête du Canada, Journée nationale des patriotes, Fête du Travail, Jour du Souvenir.

Leçon 7

Interactions – p. 48-49

1. a. 2 – **b.** 5 – **c.** 4 – **d.** 1 – **e.** 3.

2. a. le gain – **b.** le don – **c.** l'invincibilité – **d.** la mémoire – **e.** la récitation – **f.** décider – **g.** soigner – **h.** exiger – **i.** la réalisation.

3. a. rêves – **b.** le bien – **c.** des exigences – **d.** son destin – **e.** cheval – **f.** soin.

1. d – 2. b – 3. c – 4. f – 5. a – 6. e.

4. condition : a., c. – **supposition** : e. – **suggestion** : d., e., f.

5. a. 2 – **b.** 5 – **c.** 1 – **d.** 3 – **e.** 4.

Ressources – p. 49-51

1. retenir : je retiendrais, nous retiendrions, vous retiendriez – **discuter** : tu discuterais, elle discuterait, ils discuteraient – **permettre** : je permettrais, tu permettrais, vous permettriez – **devoir** : je devrais, tu devrais, elles devraient.

2. a. je donnerais – **b.** nous achèterions – **c.** tu travaillerais – **d.** vous seriez invités – **e.** feraient.

3. a. elle m'écouterait – **b.** je marquerais – **c.** tu ferais – **d.** vous deviendriez – **e.** je te publierais.

4. a. nous aurions – **b.** j'irais – **c.** il réussirait – **d.** nous ferions – **e.** nous perdrions.

5. a. nous pourrions – **b.** j'aimerais – **c.** je préférerais – **d.** je voudrais – **e.** il faudrait.

6. à 7 h 30 ; à Ottawa ; à 9 h ; à 12 h 15 ; d'Ottawa ; pour Toronto ; à Toronto ; à 15 h ; à 16h ; de Toronto ; à Montréal ; à 20 h ; chez moi.

7. souhaiterais ; seriez-vous ; pourrions ; serais ; pourriez.

Entraînement à l'oral – p. 51-52

1. [u] a. xx – **b.** xx – **c.** x – **d.** x – **e.** x.

[y] a. x – **b.** xx – **c.** xxx – **d.** xxx – **e.** xxx.

2. vrai : a., c., e., g. – **faux** : b., d., f., h.

3. Oui, on m'a dit… **a.** qu'elle viendrait – **b.** qu'il serait là aussi – **c.** qu'ils se parleraient – **d.** qu'ils partiraient ensemble – **e.** que ça finirait bien.

4. a. Je pourrais avoir l'addition ? – **b.** Tu voudrais venir au cinéma avec moi ? – **c.** Tu devrais partir tôt. – **d.** Il faudrait que tu me remplaces. – **e.** Vous pourriez faire attention !

Écrits et civilisation – p. 52-53

1. a. elle m'a souri – **b.** s'est moqué – **c.** une blague – **d.** d'humour ; caricatures – **e.** taquiner.

2. a. au Lapin agile à Montmartre – **b.** Roland Dorgelès – **c.** un âne, Lolo – **d.** Dorgelès et ses amis attachent un pinceau trempé dans la peinture à la queue de l'âne et placent un tableau blanc sous la queue. Les mouvements de la queue dessinent alors des formes abstraites sur la toile. – **e.** *Coucher de soleil sur l'Adriatique* – **f.** Salon des Indépendants – **g.** 1 500 euros.

Leçon 8

Interactions – p. 54-55

1. a. curieux – **b.** compréhensif – **c.** optimiste – **d.** enthousiaste – **e.** jeune – **f.** énergique – **g.** généreux – **h.** créatif – **i.** original – **j.** courageux – **k.** passionné – **l.** ambitieux – **m.** actif – **n.** autoritaire – **o.** sociable – **p.** timide – **q.** élégant – **r.** honnête – **s.** pessimiste – **t.** gai – **u.** intolérant – **v.** spontané.

2. a. courageux – **b.** créative – **c.** ambitieux – **d.** sociable – **e.** élégante – **f.** intolérant – **g.** généreux – **h.** autoritaire.

3. a. pessimiste – **b.** compréhensif – **c.** timide – **d.** actif – **e.** passionné – **f.** gai.

4. a. blanche – **b.** noires – **c.** rose – **d.** bleue – **e.** vert – **f.** rouge.

Ressources – p. 55-56

1. a. ce qui – **b.** si – **c.** où – **d.** quels – **e.** ce que – **f.** qui.

2. Liza dit à Jean-Philippe qu'elle sort, qu'elle va chez le coiffeur, et qu'elle rentrera vers 19 h. Elle lui demande s'il peut s'occuper de la cuisine, et de ne pas oublier de surveiller le four. Elle lui demande aussi s'il peut mettre la table et de vérifier si tout le monde a répondu. Elle lui demande aussi de penser à la boisson et de choisir ce qu'on servira en apéritif.

3. a. On vous a posé beaucoup de questions ? Qu'est-ce que vous avez répondu ? Vous êtes optimiste ? – **b.** Oui, beaucoup de questions ; il y a beaucoup de concurrence et ce n'est pas gagné d'avance. – **c.** Quand retournerez-vous en Corée ? Reposez-vous bien ! – **d.** Je pourrais prendre deux jours de vacances à la fin de la négociation ?

4. a. nous faire – **b.** me fais – **c.** se fait – **d.** me fais – **e.** nous faisons.

Entraînement à l'oral – p. 57-58

1.	[a]	[ã]	[o]	[õ]
a.	xx	xxx		x
b.	x	xxxx		x
c.	x	xxx	x	xx
d.	x			xx
e.	xxx		x	xxx
f.		x	x	x

2. a. explorer une caverne – **b.** Anne-Sophie est fâchée – **c.** Cléopâtre – **d.** des formations rocheuses – **e.** grâce à la flamme du briquet de Rodrigo – **f.** oui, ils se quittent bons amis.

3. accord : d., g., i. – **désaccord** : c., e., f., h. – **incompréhension** : a., b.

4. a. Elle dit qu'il fait beau. – **b.** Elle dit qu'elle va sortir. – **c.** Elle dit qu'elle m'a appelé hier. – **d.** Elle demande si on peut se voir. – **e.** Elle demande si je veux jouer au tennis.

5. a. Il me demande si je veux aller au restaurant. – **b.** Il me demande ce que je veux manger. – **c.** Il me demande quand je préfère y aller. – **d.** Il me demande qui je veux inviter. – **e.** Il me demande de faire la réservation.

Écrits et civilisation – p. 58-59

1. a. un scientifique, un humoriste, un animateur de télévision – **b.** une écrivaine d'origine vietnamienne – **c.** à la relecture d'un livre – **d.** l'hiver efface tous nos excès des autres saisons et l'été nous offre la rédemption – **e.** 1 et 2.

2. Oui : a., c., e., f., i., j. – **Non** : b., d., g., h.

3. a. Thiago – **b.** Lucia – **c.** Matthieu – **d.** Chiara – **e.** Liu.

4. 1. k – **2.** c – **3.** j – **4.** a – **5.** b – **6.** l – **7.** g – **8.** d – **9.** f – **10.** h – **11.** e – **12.** i.

Préparation au DELF A2 – p. 60-61

Compréhension orale
message 1 : Rio de Janeiro ; Air France AF 1235 ; D21 – **message 2** : New York ; Air France AF 3916 ; F19 – **message 3** : Singapour ; Air France AF 3169 ; B76 – **message 4** : Tokyo ; Air France KLM 1774 ; E46 – **message 5** : Mexico ; Air France AF 6175.

Compréhension des écrits
1. c – **2.** b – **3.** a – **4.** a – **5.** a.

Production écrite
Le premier menu propose plus de poisson que le second qui est plus lourd. – Le premier menu est plus régional que le second qui propose des produits plus chers comme le foie gras ou plus rares comme le lapin aux citrons confits. – Le premier menu est meilleur marché que le second.

L'entrée est aussi chère dans le premier menu que dans le second. – Le plat principal est plus régional dans le premier que dans le second mais le dessert est moins exotique dans le second que dans le premier.

Production orale

a. Bonjour, je suis bien à l'Agence Tourism' Azur ?
b. Le séjour à X..., c'est bien trois jours, tout compris ?
c. Il y a encore de la place ?
d. C'est un séjour en chambre individuelle ?
e. Tout est inclus dans le prix ?
f. Même la dégustation des vins ?
g. Où se trouve le rendez-vous pour le départ ?
h. Et le retour est prévu à quelle heure ?
i. Comment je peux réserver ?

Unité 3

Leçon 9

Interactions – p. 63-65

1. 1. k – 2. l – 3. h – 4. d – 5. c – 6. f – 7. j – 8. a – 9. i – 10. e – 11. g – 12. b.

2. vrai : b., f., g. – **faux :** a., c., d., e.

3. a. une découverte – **b.** une réussite – **c.** un échec – **d.** un risque – **e.** un essai – **f.** une tentative.

4. a. réussite – **b.** risque – **c.** découverte – **d.** échec – **e.** essai.

5. a. courageux – **b.** énergique – **c.** volontaire – **d.** fou ou inconscient.

Ressources – p. 65-67

1. b. Des recherches ont été faites sur Internet par les étudiants. – **c.** Des documents ont été rassemblés par un groupe d'étudiants. – **d.** Le programme de la visite a été élaboré par deux professeurs. – **e.** Le programme de la visite a été apprécié. – **f.** Toute l'équipe a été félicitée par le professeur pour son travail de préparation.

2. b. Pierre a été agressé par le voisin. – **c.** Ma carte bancaire m'a été volée. – **d.** De l'argent nous a été prêté par un ami. – **e.** La voiture a été conduite par un chauffeur au village voisin.

3. a. acceptent ; accordes ; approfondissions ; reconnaissent. – **b.** soyons ; prenions ; de partir ; aille ; viennent.

4. b. Je souhaite que tu t'occupes des enfants. – **c.** Je crains qu'ils ne me rejoignent pas plus tard. – **d.** J'ai peur que tes parents ne soient pas là pour les accueillir. – **e.** Je suis contente qu'on aille ensuite au cinéma et au restaurant.

5. a. Je regrette que vous ne puissiez pas témoigner. – **b.** J'espère que nous pourrons aborder certains sujets. – **c.** Je souhaite que vous interveniez. – **d.** J'ai peur qu'ils se taisent tous. – **e.** J'ai envie que nous les laissions intervenir.

Entraînement à l'oral – p. 67-68

1. les : a., g., j. – **le :** b., d., e., f. – **la :** c., h., i.

2. Vrai : a., b., c., d., g. – **Faux :** e., f., h.

3. Nationalité : suisse – **Profession :** médecin – **Exploit :** premier à avoir fait le tour du monde en ballon – **1997 :** échec après neuf jours à cause d'un problème technique – **1998 :** impossibilité de traverser le territoire chinois et vents défavorables – **2008 :** projet de tour du monde en avion fonctionnant à l'énergie solaire.

4. a. J'ai envie que tu viennes. – **b.** Je voudrais que tu lises. – **c.** Je souhaite que vous traduisiez ce texte. – **d.** J'ai envie que nous allions au théâtre. – **e.** Je désire que tu réussisses. – **f.** J'aimerais bien que tu viennes à mon anniversaire.

5. a. Il faut que vous veniez. – **b.** Il faut que nous nous organisions. – **c.** Il faut que nous nous en occupions. – **d.** Il faut qu'ensuite vous vous détendiez. – **e.** Il faut que vous vous amusiez.

Écrits et civilisation – p. 69-70

1. a. 7 000 – **b.** excellentes conditions – **c.** 40ᵉ édition – **d.** 42,195 km – **e.** 2 h 24 m 30 s – **f.** éthiopienne – **g.** 2 h 6 m 54 s – **h.** Yemane Tsegay – **i.** 2 h 13 mn 47 s – **j.** éthiopienne – **k.** Tigist Tufa.

2. a. enthousiasme – **b.** déception – **c.** pessimisme – **d.** optimisme – **e.** confiance.

3. a. cyclisme – **b.** natation – **c.** saut en hauteur – **d.** soccer – **e.** golf – **f.** équitation.

4. a. l'esprit d'équipe – **b.** le sens du rythme – **c.** les réflexes – **d.** l'équilibre – **e.** le goût de la nature.

Leçon 10

Interactions – p. 71-72

1. Nettoyer : faire le lavage ; passer l'aspirateur ; enlever la poussière ; vider la poubelle ; nettoyer l'évier, la salle de bains ; laver le sol.

Cuisiner : préparer une salade ; faire cuire ; préparer un bon plat ; mettre au four ; éplucher.

Bricoler : changer une ampoule ; accrocher un tableau ; pendre ; installer ; monter un petit meuble.

2. a. 4 – **b.** 3 – **c.** 5 – **d.** 2 – **e.** 7 – **f.** 1 – **g.** 6.

3. a. le rangement – **b.** le repassage – **c.** la préparation – **d.** le lavage – **e.** le changement – **f.** l'accrochage – **g.** l'installation – **h.** le montage – **i.** la cuisson – **j.** la résolution – **k.** la sortie – **l.** la couture.

Suffixes en -(e)ment : le rangement, le changement ; **-age** : le repassage, le lavage, l'accrochage, le montage ; **-tion** : la préparation, l'installation, la résolution – **autres suffixes** : la cuisson, la sortie, la couture.

4. a. changer – **b.** préparer – **c.** monter – **d.** ranger – **e.** installer – **f.** cuire.

Ressources – p. 72-73

1. a. la sienne – **b.** le sien – **c.** les siennes – **d.** le mien – **e.** les miens – **f.** les nôtres – **g.** les leurs.

2. a. il appartient à... – **b.** elle possède – **c.** il possède – **d.** il fait partie – **e.** elle possède – **f.** elle possède – **g.** cette montre appartient à.

3. a. tous – **b.** la plupart – **c.** beaucoup –

d. la moitié – **e.** peu – **f.** très peu – **g.** quelques-uns – **h.** aucun n'.

4. a. Oui, je les regarde tous. – **b.** Oui, je regarde la plupart. – **c.** Oui, j'en aime certaines. – **d.** Oui, j'en regarde quelques-unes. – **e.** Non, je n'en regarde aucune.

Entraînement à l'oral – p. 74-75

1. [v] : **a.** x – **b.** x – **c.** xx – **d.** xx – **e.** x – **f.** x.

[f] : **b.** x – **c.** x – **e.** x – **f.** x.

2. a. une chambre à louer – **b.** le deuxième colocataire – **c.** 500 $ – **d.** OK Services – **e.** des petits travaux à domicile – **f.** oui.

3. a. Oui, c'est la mienne. – **b.** Non, ce n'est pas le mien. – **c.** Oui, ce sont les leurs. – **d.** Non, ce n'est pas la sienne. – **e.** Oui, ce sont les nôtres.

4. b. 5 – **c.** 1 – **d.** 3 – **e.** 8 – **f.** 7 – **g.** 6 – **h.** 2 – **i.** 4.

Écrits et civilisation – p. 75-76

1. a. montant de l'endettement moyen étudiant – **b.** pourcentage des jeunes qui sont au chômage – **c.** montant des frais de scolarité postsecondaire moyens – **d.** taux des finissants qui terminent un doctorat et qui arrivent à décrocher un poste universitaire – **e.** montant du revenu annuel d'une famille sous le seuil de pauvreté – **f.** pourcentage des Canadiens qui vivent sous le seuil de pauvreté.

3. a. Cet enfant déteste les règles. – **b.** Ils se sont réconciliés. – **c.** Il se déplace... – **d.** Quelqu'un ment. – **e.** Ça me dérange.

4. a. un poste – **b.** a délocalisé – **c.** licenciement ; chômage – **d.** un emploi – **e.** CV – **f.** embauché – **g.** revenus.

Leçon 11

Interactions – p. 77-78

1. a. buffet, armoire, commode, bibliothèque, armoire de salle de bains, porte-serviettes, porte-savon, étagères – **b.** lave-vaisselle, laveuse, aspirateur, balai, pelle – **c.** serviette de bain, débarbouillette, miroir – **d.** cuisinière à gaz, four électrique, four à micro-ondes, cuisinière électrique, réfrigérateur, robot – **e.** table de salle à manger, chaise – **f.** chaîne stéréo, télévision, bibliothèque – **g.** lit, matelas, oreiller, draps, couette, couverture, oreiller.

2. a. lit – **b.** matelas – **c.** four à micro-ondes – **d.** grille-pain – **e.** table de chevet.

3. a. sphérique – **b.** cubique – **c.** pyramidal – **d.** carré – **e.** rectangulaire – **f.** rond – **g.** métallique – **h.** aurifère – **i.** argentique.

4. a. 5 – **b.** 3 – **c.** 1 – **d.** 2 – **e.** 4.

5. a. langue de bois – **b.** cœur de pierre – **c.** prix d'or – **d.** santé de fer – **e.** sommeil de plomb.

Ressources – p. 79-81

1. a. lequel – **b.** laquelle – **c.** lesquels – **d.** quel – **e.** laquelle – **f.** laquelle.

2. a. celui qui – **b.** celle qui – **c.** celle que – celui où – **d.** celui où – celle que – ceux que – **e.** celui que.

3. ce que tu ; ce que tu as ; ce qui est ; ce que tu ; ce que tu me ; ce que tu me ; ce qui me.

4. b. une banque ; comme ; budget/crédit – **c.** un magasin de vêtements ; aussi … que ; naturel (adjectif) et jupe (nom) – **d.** un produit alimentaire ; autant … que ; silhouette (ligne)/personne (vous) – **e.** une agence de voyages ; plus que … moins ; attentes/ prix – **f.** informatique ; moins de / plus / meilleures ; ordinateur/qualités (volume, rapidité, performance).

5. b. Les Canadiens vont moins au cinéma qu'aux événements sportifs et spectacles en salle. / C'est au cinéma qu'ils vont le moins. – **c.** Les Canadiens jouent plus au golf qu'au hockey. / C'est au golf qu'ils jouent le plus. – **d.** Les Canadiens se déplacent moins en transports en commun qu'en automobile. / C'est en transports en commun qu'ils se déplacent le moins. – **e.** Les Canadiens utilisent plus la tablette ou le téléphone intelligent que l'ordinateur pour la consultation d'Internet. / C'est la tablette ou le téléphone intelligent qu'ils utilisent le plus.

Entraînement à l'oral – p. 81-82

1. [s] : a., b. (x), d., f. (xx) – [z] : c., e. (xx).

2. a. ils préparent un film publicitaire – **b.** lors d'une audition – **c.** Omar invite Charlotte au restaurant et c'est finalement Charlotte qui offre un shish taouk à Omar – **d.** dans un bar-spectacle du Vieux-Montréal – **e.** il écrit des sketches – **f.** il leur propose de faire un sketch à deux.

3. a. rappeler – **b.** laisser un message – **c.** appuyer sur la touche 1, 2, 3 ou 4 – **d.** attendre la réouverture – **e.** consulter l'annuaire.

4. a. N'importe laquelle, celle que tu veux. – **b.** N'importe lequel, celui que tu veux. – **c.** N'importe lesquelles, celles que tu veux. – **d.** N'importe lesquels, ceux que tu veux. – **e.** N'importe laquelle, celle que tu voudras.

5. a. Oui, c'est le meilleur. – **b.** Oui, c'est le mieux fréquenté. – **c.** Oui, c'est la meilleure cuisine. – **d.** C'est le plus cher. – **e.** Oui, c'est le mieux situé.

Écrits et civilisation – p. 82-83

1. a. retirer de l'argent – **b.** dépenser – **c.** approvisionner son compte – **d.** fermer un compte – **e.** perdre de l'argent au jeu.

2. b., e., c., f., g., a., d.

3. a. 3 – **b.** 6 – **c.** 1 – **d.** 4 – **e.** 2 – **f.** 5.

4. vrai : a., d., f. – **faux** : b., c., e.

Leçon 12

Interactions – p. 84-85

1. a. chercheuse ; dessinatrice – **b.** journaliste ; médecin – **c.** boulangère ; pâtissière – **d.** psychologue ; sociologue – **e.** directrice des ressources humaines.

2. a. ingénieur – **b.** responsable du marketing – **c.** agents immobiliers – **d.** infirmier/infirmière – **e.** informaticien/informaticienne – **f.** architecte.

3. a. à un garagiste – **b.** à un musicien/une musicienne – **c.** à un/une styliste – **d.** à un/une professeur(e) – **e.** à un guide – **f.** à un jardinier/une jardinière.

4. a. 3 – **b.** 5 – **c.** 4 – **d.** 1 – **e.** 6 – **f.** 2.

5. a. il fait – **b.** elle travaille ; elle est – **c.** vous faites ; je suis ; je m'occupe – **d.** vous exercez ; je suis – **e.** vous faites.

Ressources – p. 86-87

1. b. C'était un match assez agréable à suivre, mais les joueurs n'avaient pas assez envie de gagner.

c. J'ai trouvé le voyage trop long, très fatigant mais nous en garderons un assez bon souvenir.

d. C'est une très jolie maison, très claire, mais trop loin du centre-ville.

e. J'ai trouvé les questions très difficiles, trop nombreuses et on n'avait pas assez de temps pour y répondre.

2. b. C'est si éloigné du livre qu'on découvre autre chose. – **c.** L'orchestre joue si fort qu'on n'entend plus les chanteurs. – **d.** Les acteurs doivent parler tellement fort qu'on a l'impression qu'ils crient. – **e.** Il y a tellement de bruit que les spectateurs sont contents de partir.

3. a. Oui, je veux venir. – **b.** Oui, j'aimerais partir en juillet. – **c.** Non, on ne pourra pas prendre ma voiture. – **d.** Non, on ne pourra pas rentrer fin août. – **e.** Oui, je me prépare à passer des examens en septembre. – **f.** Oui, je continue de faire du droit. – **g.** Non, j'ai arrêté de faire de la photo.

4. a. pourtant – **b.** malgré – **c.** heureusement – **d.** en revanche – **e.** au lieu de – **f.** heureusement.

Entraînement à l'oral – p. 87-88

2. a. de n'être plus le même, de ne l'avoir contactée qu'une fois par semaine – **b.** elle aime vivre à la campagne et lui aime la ville, la nuit, les rencontres – **c.** à l'occasion d'un accident – **d.** une maison de production de spectacles – **e.** une tournée à l'étranger pour jeunes artistes francophones – **f.** en Algérie – **g.** Sa mère, son frère et Nadia.

3. Quand : samedi 13 avril 19 h 30 – **Où** : boulevard des Laurentides – **Quelle voiture** : Mazda 6 – **Quoi** : tourner à gauche, rue Marineau, Honda Civic double par la droite, feu qui passe au rouge, Honda s'arrête, je freine mais choc. – **Conséquences** : dégâts arrière de la Honda et aile droite de ma voiture.

4. a. Oui, je veux bien déjeuner avec toi. – **b.** Oui, je souhaite venir seul. – **c.** Oui, j'arriverai à me libérer. – **d.** Oui, j'espère arriver à l'heure. – **e.** Non, je n'oublierai pas de réserver.

5. a. Il y a tellement de travail que je ne peux pas me libérer.
b. On est si peu nombreux que je dois travailler plus longtemps.
c. Le soir, les clients restent tellement longtemps que je ne rentre pas avant minuit.
d. Le soir, il y a tellement de monde que je ne trouve pas de taxi.

Écrits et civilisation – p. 89-90

1.

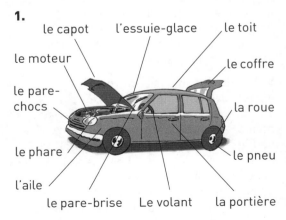

le capot   l'essuie-glace   le toit
le moteur
le coffre
le pare-chocs
la roue
le phare
le pneu
l'aile
le pare-brise   Le volant   la portière

2. a. se stationner/s'arrêter – **b.** reculer – **c.** freiner – **d.** rouler – **e.** éteindre – **f.** dépasser.

3. a. 4 – **b.** 1 – **c.** 3 – **d.** 4 – **e.** 2.

4. vrai : b., d., e., f. – **faux :** a., c.

Préparation au DELF A2 –
p. 91-93

Compréhension de l'oral

1. 06 59 65 27 75 ; 13 h 25 ; François ; dîner.

2. 06 25 31 98 81 ; 13 h 47 ; Sarah ; concert.

3. 06 81 92 75 75 ; 13 h 59 ; agence du Crédit agricole ; confirmation de rendez-vous.

4. 06 69 52 02 40 ; 14 h 13 ; on ne sait pas ; rencontre surprise.

5. 06 16 42 47 59 ; Philippe ; appel amical.

Compréhension des écrits

1. b – **2.** a – **3.** b – **4.** c.

5. a. infochatillon-famille@wanadoo.fr
b. infochatillon-groupe@wanadoo.fr
c. infochatillon-boutique@wanadoo.fr
d. infochatillon-accueil@wanadoo.fr.

6. a. aux familles – **b.** aux groupes – **c.** aux familles.

Production écrite

message – contente – impressionné – métier – surprise – chance – compliqué – tombés en panne – voiture de location – route – voiture de location – tombés en panne – s'améliore – emmènerons – jour le jour.

Production orale

Je me suis levé à sept heures et je me suis douché. – À sept heures et demie, j'ai pris mon petit-déjeuner puis je me suis habillé. Je suis sorti de la maison à huit heures, j'ai pris le métro et j'ai commencé ma journée de travail à huit heures et demie. À dix heures et demie, nous avons fait la pause café et à midi et demi, nous sommes allés avec les collègues déjeuner à la cantine. – J'ai repris le travail à une heure et demie jusqu'à six heures. Après le travail, j'ai fait des courses et je suis rentré à la maison vers sept heures. – Vers huit heures, j'ai dîné en regardant les infos à la télé. Après j'ai hésité entre regarder la télé, mettre un DVD ou aller surfer sur Internet. – Vers dix heures et demie onze heures, je me suis couché.

Unité 1

Leçon 1 – p. 9-10

Exercice 1

Écoutez et notez les « e » non prononcés.
a. je développerai – **b.** tu diminueras – **c.**il transportera – **d.** nous hésiterons – **e.**vous mesurerez – **f.** elles fermeront.

Exercice 2

Écoutez et distinguez les sons « an », « in » et « on ».
– Tu manges ?
– J'ai très faim.
– Maintenant ? À une heure moins vingt ?
– C'est interdit ?
– Pas exactement...
– Alors, toujours végétarien ?
– Et toi, toujours un sandwich au jambon ?
– Et un verre de blanc ?
– C'est excellent !

Exercice 3

Écoutez le bulletin météo et complétez la carte.

« Demain, les provinces de l'Atlantique connaîtront du beau temps qui ne durera pas : des orages sont à prévoir en soirée. Le centre du pays, nuageux le matin, retrouvera le soleil l'après-midi. L'Ouest sera sous la pluie une bonne partie de la journée, surtout la Colombie-Britannique, mais des éclaircies sont possibles en fin de journée. Il neigera à Iqaluit. Les températures s'élèveront pendant la journée ; elles seront douces partout, mais la côte pacifique aura les températures les plus élevées avec 12 à 15 degrés en moyenne. »

Exercice 4

Vous prenez des décisions. Continuez comme dans l'exemple.
Exemple : **a.** se lever tôt → Je me lèverai tôt.
b. arrêter de fumer → J'arrêterai de fumer.
c. manger régulièrement → Je mangerai régulièrement.
d. faire du sport → Je ferai du sport.
e. ne plus boire → Je ne boirai plus.

Leçon 2 – p. 16

Exercice 1

Complétez avec :
– « g » ou « gu » quand vous entendez [g] ;
– « c », « qu » ou « k » quand vous entendez [k].
a. Cherche conseiller compétent avec du caractère. – **b.** Cherche guide pour grand groupe. – **c.** Cherche magasin avec cartes de crédits acceptées. – **d.** Achète quatre kilos de gâteaux à la confiture. – **e.** Cherche paquets de cigarettes au chocolat.

Exercice 2

Écoutez. Julien cherche du travail. Il se présente dans une agence de placement. Complétez sa fiche.
– Bonjour, je m'appelle Julien Brisebois.
– Oui, je vais sortir votre fiche et nous allons la vérifier et la compléter ensemble.
Donc BRISEBOIS Julien... Vous habitez toujours 12, rue Oméga à Brossard, J4Y 3A9 ?
– Oui.
– Et votre téléphone, c'est toujours le numéro de cellulaire ?
– Oui, 514 188-2534.
– Vous avez une adresse Internet ?
– Oui, jubri...
– Vous l'écrivez comment ?
– J-U-B-R-I, donc jubri arobase courriel. ca.

– Votre formation ?
– J'ai un DEP en commerce.
– Vous parlez d'autres langues ?
– Euh... l'anglais, et un peu l'espagnol, je le comprends.
– Vous avez des centres d'intérêt particuliers en dehors du travail ?
– Oui, je fais du sport, du soccer dans une équipe, je construis des maquettes de bateau, j'aime bien le house.
– Le house ? C'est quoi ?
– De la musique.
– Ah d'accord... Eh bien merci, au revoir.

Exercice 3

Écoutez. Ils donnent leur opinion sur un film. Notez chaque réaction sur le schéma.
a. Je suis très accro ; allez-y vite. – **b.** C'est un joli film, les acteurs jouent assez bien.... – **c.** Oui, c'est pas mal, il a fait mieux. – **d.** Non, c'est trop long, on ne s'intéresse pas vraiment à cette histoire. – **e.** À oublier et on n'en parle plus. – **f.** Ah non ! Plus jamais... mais qui peut aimer ça ?

Leçon 3 – p. 23-24

Exercice 1

Écoutez et distinguez les sons « t » et « d ».
a. Décide-toi. – **b.** Tôt ou tard. – **c.** Oublie tes doutes. – **d.** Montre tes compétences. – **e.** Découvre tes dons. – **f.** Tu dois m'écouter.

Exercice 2

Donnez des ordres à vos amis comme dans l'exemple.
Exemple : **a.** Réveillez-vous ! → Il faut que vous vous réveilliez.
b. Pierre, lève-toi ! → Il faut que tu te lèves.
c. Préparons-nous → Il faut que nous nous préparions.
d. Les enfants, habillez-vous ! → Il faut que vous vous habilliez.
e. Prenez votre déjeuner. → Il faut que vous preniez votre déjeuner.
f. Faites votre lit. → Il faut que vous fassiez votre lit.

Leçon 4 – p. 28-29

Exercice 1

Écoutez. Barrez ce qui n'est pas prononcé.
a. Ce n'est pas grave. – **b.** Je ne l'ai pas vu. – **c.** Je viens d'arriver. – **d.** Je ne sais pas. – **e.** Je n'en sais rien. – **f.** Eh bien ! – **g.** Pas encore. – **h.** Vous aussi.

Exercice 2

Écoutez. Classez les expressions dans le tableau.
Vraiment !... – Ça alors ! – Ça ne fait rien. – Dommage ! – C'est vrai ? – Trop fort ! – Ah ! C'est bien... – Pas mal ! – La prochaine fois, peut-être.

Exercice 3

Transformez en utilisant « qui », « que », « où ».
Accro à Internet
a. J'attends un message ; il n'est pas arrivé. → J'attends un message qui n'est pas arrivé.
b. J'ai enregistré le film ; tu as vu le film hier. → J'ai enregistré le film que tu as vu hier.
c. Je me suis connecté sur un site ; il y a beaucoup d'informations. → Je me suis connecté sur un site où il y a beaucoup d'informations.
d. J'ai téléchargé de la musique ; j'écoute cette musique tout le temps. → J'ai téléchargé de la musique que j'écoute tout le temps.
e. J'ai programmé une émission ; cette émission est très amusante. → J'ai programmé une émission qui est très amusante.

Préparation au DELF A2 – p. 32

Compréhension orale
Écoutez les portraits robots et retrouvez les infos qui correspondent à chacun des portraits.
a. On nous a signalé la disparition d'un jeune homme blond, 33 ans, grand, environ 1,80 m. Il a les cheveux courts et porte des lunettes.

Il porte aussi un jean noir et un tee-shirt fluo orange et des baskets style Converse.

b. Nous recherchons une jeune femme de 25 ans. Elle est grande, mince, avec les cheveux longs. Elle est habillée avec une jupe noire et une longue veste rouge. Elle porte des chaussures à talons.

c. Arthur a disparu ce matin en allant à l'école. Il est blond et il porte des petites lunettes de couleur bleue. Il est âgé de huit ans ; il portait un pantalon rouge et un sweat bleu avec le numéro « 10 » devant. Il a des tennis blanches et un sac à dos vert.

d. Perdu de vue monsieur de 80 ans. Il est de petite taille. Il a les cheveux gris blanc et des yeux verts. Il mesure environ 1,60 m. Il porte un costume gris et une grande écharpe rouge.

Unité 2

Leçon 5 – p. 38-39

Exercice 1
Écoutez les phrases. Barrez les « e » non prononcés.

• L'acteur :
Je joue... J'ai joué ... Je jouerai

• Le chanteur :
Je chante... J'ai chanté... Je chanterai

• Le directeur :
Je décide... J'ai décidé... Je déciderai

• L'élève :
Je répète... J'ai répété... Je répéterai

Exercice 3
« Savoir » ou « connaître » ? Répondez « Je sais » ou « Je connais ».

a. Où elle habite ?
Je sais où elle habite.

b. Et son adresse ?
Je connais son adresse.

c. Comment on y va ?
Je sais comment on y va.

d. À quel étage elle habite ?
Je sais à quel étage elle habite.

e. Le code de la porte ?
Je connais le code de la porte.

f. Le nom de son ami ?
Je connais le nom de son ami.

Exercice 4
Construction des verbes « se souvenir » et « se rappeler ». Répondez aux questions.

a. François, tu t'en souviens ?
Je me souviens de François.

b. Ces vacances, tu t'en souviens ?
Je me souviens de ces vacances.

c. Le nom de l'hôtel, tu te le rappelles ?
Je me rappelle le nom de l'hôtel.

d. Les matchs sur la plage, tu t'en souviens ?
Je me souviens des matchs sur la plage.

e. Les soirées au restaurant, tu te les rappelles ?
Je me rappelle les soirées au restaurant.

f. Les sorties en bateau, tu t'en souviens ?
Je me souviens des sorties en bateau.

Leçon 6 – p. 44-45

Exercice 1
Écoutez et notez.

a. Je les réserve, je le confirme.

b. Je les commande, je l'annule.

c. Je le paie ; je la loue.

d. Je le vends ; je les prête.

e. Je les échange ; je la garde.

Exercice 3
Écoutez ces instructions sur la préparation d'une tarte aux abricots.

a. Verser la préparation sur les abricots.

b. Couper les abricots en deux et enlever les noyaux.

c. Dans un bol, mettre un quart de litre de crème liquide, un œuf et du sucre.

d. Disposer une pâte dans un moule.

e. Mettre au four à 400 degrés.

f. Laisser cuire pendant 25 minutes.

g. Mélanger la crème, l'œuf et le sucre.

h. Disposer les moitiés d'abricots sur la pâte.

Exercice 4

Répondez en utilisant un pronom.

a. Tu cherches la rue Guy ?
Oui, je la cherche.

b. Tu cherches tes amis ?
Oui, je les cherche.

c. Tu cherches des places pour le spectacle ?
Oui, j'en cherche.

d. Tu cherches un cadeau pour Louis ?
Oui, j'en cherche un.

e. Tu cherches le restaurant « L'assiette » ?
Oui, je le cherche.

f. Tu penses à ton travail ?
Oui, j'y pense.

g. Tu as préparé la randonnée ?
Oui, je l'ai préparée.

Leçon 7 – p. 51-52

Exercice 1

[u] et [y] : faites une croix quand vous entendez ces sons.

a. Tu connais *Le Tour d'écrou* ?

b. Tu as vu *Voulez-vous danser avec moi* ?

c. Tu as lu *Sur la route* ?

d. Tu as entendu la musique du film *Les Chansons d'amour* ?

e. Tu as aimé *Rue des boutiques obscures* ?

Exercice 3

Transformez le futur en conditionnel.

a. Vous pensez qu'elle viendra ?
– Oui, on m'a dit qu'elle viendrait.

b. Vous pensez qu'il sera là aussi ?
– Oui, on m'a dit qu'il serait là.

c. Vous pensez qu'ils se parleront ?
– Oui, on m'a dit qu'ils se parleraient.

d. Vous pensez qu'ils partiront ensemble ?
– Oui, on m'a dit qu'ils partiraient ensemble.

e. Vous pensez que ça finira bien ?
– Oui, on m'a dit que ça finirait bien.

Exercice 4

À partir des situations proposées, faites des phrases avec *devoir*, *pouvoir*, *vouloir*, *falloir*.

a. Vous êtes au restaurant, vous demandez l'addition.
→ Je pourrais avoir l'addition ?

b. Vous proposez à une amie d'aller au cinéma avec vous.
→ Tu voudrais aller au cinéma avec moi ?

c. Vous suggérez à un ami de partir tôt le lendemain matin.
→ Tu devrais partir tôt demain matin.

d. Vous devez partir en urgence : vous demandez à une collègue de vous remplacer pour la réunion.
→ Il faudrait que tu me remplaces pour la réunion.

e. Quelqu'un vous marche sur le pied dans la rue, vous lui reprochez de ne pas faire attention.
→ Vous pourriez faire attention !

Leçon 8 – p. 57-58

Exercice 1
Écoutez et distinguez.

a. En avance ? Non, en retard.

b. En marchant ? Non, en courant.

c. En short? Non, en pantalon.

d. Pour le réveillon ? Non, pour la Saint-Patrick.

e. Avec une dégustation ? Non, avec une commémoration.

f. Quelle drôle d'ambition !

Exercice 3
Accord, désaccord, incompréhension.
Qu'est-ce qu'on exprime quand on dit :

a. Tu voudrais répéter, s'il te plaît ?

b. Qu'est-ce que tu voulais dire par là ?

c. Non, je ne pense pas.

d. Ah ! Alors là, oui…

e. Mais je n'ai jamais dit ça !

f. Ça ! Jamais !

g. Eh bien… tout rentre dans l'ordre.

h. Non, ce n'est pas ce que j'ai dit !

i. Si tu veux…

Exercice 4
Écoutez-la. Rapportez ses paroles.

a. Il fait beau.
→ Elle dit qu'il fait beau.

b. Je vais sortir.
→ Elle dit qu'elle va sortir.

c. Je t'ai appelé hier.
→ Elle dit qu'elle m'a appelé hier.

d. On peut se voir ?
→ Elle me demande si on peut se voir.

e. Tu veux jouer au tennis ?
→ Elle me demande si je veux jouer au tennis.

Exercice 5
Rapportez les paroles.

a. Tu veux aller au restaurant ?
→ Il me demande si je veux aller au restaurant.

b. Qu'est-ce que tu veux manger ?
→ Il me demande ce que je veux manger.

c. Quand est-ce que tu préfères y aller ?
→ Il me demande quand je préfère y aller.

d. Qui veux-tu inviter ?
→ Il me demande qui je veux inviter.

e. Fais la réservation.
→ Il me demande de faire la réservation.

Préparation au DELF A2 – p. 60

message 1
Les passagers du vol Air France AF 1235 à destination de Rio de Janeiro sont invités à se présenter à la porte D21 pour un embarquement immédiat.

message 2
Les passagers du vol Air France AF 3916 à destination de New York sont informés que l'embarquement prévu porte F25 aura lieu porte F19. Nous vous prions de bien vouloir nous excuser pour ce changement.

message 3
Les passagers du vol Air France AF 3169 à destination de Singapour sont informés que l'embarquement prévu porte B76 à 19h30 est retardé.

message 4
Les passagers du vol Air France KLM 1774 arrivant de Rome et en correspondance pour Tokyo sont invités à se présenter porte E46.

message 5
M. Fabregas, passager du vol Air France AF 6175 à destination de Mexico, est attendu au comptoir d'enregistrement immédiatement.

Unité 3

Leçon 9 – p. 67-68

Exercice 1
Différenciez. Cochez le pronom que vous entendez.

a. Tes affaires, cherche-les.

b. Ton travail, fais-le.

c. Appelle Nadia. Remercie-la.

d. Ton choix, dis-le.

e. Le cadeau pour Julien, cache-le.

f. Le garage est ouvert. Ferme-le.

g. Ces chaussures sont belles. Mets-les.

h. J'aime cette peinture. Achetons-la.

i. La fenêtre est ouverte. Ferme-la.

j. Tu as pris des notes. Rédige-les.

Exercice 3
Regardez les photos et écoutez le récit de l'exploit. Complétez les informations.

Bertrand Piccard, un médecin suisse, vient de réussir un exploit. C'est la première personne à avoir fait le tour du monde en ballon. Il a décollé d'un village de Suisse le 1er mars, a parcouru les 40 000 km du tour de la Terre et il est revenu le 21 mars à son point de départ.

Cet exploit a été précédé de deux tentatives.

En 1997, Bertrand Piccard a dû arrêter son expérience neuf jours après son départ à cause d'un problème technique.

En 1998, il n'a pas pu traverser le territoire de la Chine. Il a dû contourner ce pays et a rencontré des vents défavorables.

Aujourd'hui, Bertrand Piccard prépare un avion qui fonctionnera à l'énergie solaire et qui pourra voler de jour comme de nuit. Il prévoit de faire le tour du monde avec cet avion en 2008.

Exercice 4
Exprimez un désir comme dans l'exemple.

a. Tu viens ? J'en ai envie.
→ J'ai envie que tu viennes.

b. Tu lis ? Je le voudrais bien.
→ Je voudrais que tu lises.

c. Vous traduisez ce texte ? Je le souhaite.
→ Je souhaite que vous traduisiez ce texte.

d. Nous allons au théâtre ? J'en ai envie.
→ J'ai envie que nous allions au théâtre.

e. Tu vas réussir. Je le désire.
→ Je désire que tu réussisses.

f. Tu viens à ma fête ? J'aimerais bien.
→ J'aimerais bien que tu viennes à ma fête.

Exercice 5
Exprimez l'obligation.
Confirmez comme dans l'exemple.

Travail urgent

a. Vous devez venir.
→ Il faut que vous veniez.

b. Nous devons nous organiser.
→ Il faut que nous nous organisions.

c. Nous devons nous occuper du problème.
→ Il faut que nous nous en occupions.

d. Après, vous devez vous détendre
→ Il faut que vous vous détendiez.

e. Et vous devez vous amuser.
→ Il faut que vous vous amusiez.

Leçon 10 – p. 74-75

Exercice 1
[v] ou [f] ? Distinguez.

a. Soyez les bienvenus !

b. Je vous présente mon fils.

c. Vous avez faim ?

d. Servez-vous.

e. Faites comme chez vous.

f. C'est une vraie fête !

Exercice 3
À qui est-ce ? Répondez selon les instructions.

a. Cette valise est à vous ?
– Oui, c'est la mienne.

b. Et ce foulard, il est à vous ?
– Non, ce n'est pas le mien.

c. Ces vêtements sont à eux ?
– Oui, ce sont les leurs.

d. Et cette cravate, elle est à lui ?
– Non, ce n'est pas la sienne.

e. Et ces manteaux, ils sont à nous ?
– Oui, ce sont les nôtres.

Exercice 4
Écoutez les questions du DRH pendant une entrevue d'embauche.

1. Où vous avez fait vos études ?

2. Vous savez utiliser les logiciels de traitement de l'image ?

3. Vous avez déjà travaillé à temps plein ?

4. Qu'est-ce qui vous passionne en dehors du travail ?

5. Vous avez déjà fait du bénévolat ?

6. Vous maîtrisez bien l'anglais ?

7. Pourquoi vous n'êtes restée que deux ans dans cette entreprise ?

8. Vous avez fait trois mois chez Technimage et quatre mois chez Publidéco.

Leçon 11 – p. 81-82

Exercice 1
Écoutez et distinguez.

a. Vous jouez d'un instrument ?

b. Non, je joue au tennis.

c. Donc vous aimez les activités physiques ?

d. Oui, je joue aussi au soccer.

e. Alors vous aimez les aventures nocturnes ?

f. Oui, j'aime sortir le soir.

Exercice 3
**Écoutez ces répondeurs téléphoniques.
Que doit faire celui qui appelle ?**

a. Ici le service à la clientèle. Toutes nos lignes sont occupées. Veuillez rappeler plus tard.

b. Bonjour. Vous êtes bien chez Anne Landry et Pierre-Alexandre Lemieux. Nous sommes absents. Merci de nous laisser un message. Nous vous rappellerons.

c. Assurances Alma, bonjour. Pour déclarer un sinistre, faites le 1. Pour un problème de contrat, faites le 2. Pour un problème de comptabilité, faites le 3. Pour une autre question, faites le 4.

d. Ici le garage Rachel. Le garage est fermé du 1er au 25 août. Réouverture le 26 au matin.

e. Le numéro que vous demandez n'est plus en service. Veuillez consulter l'annuaire.

Exercice 4
Exprimez l'indifférence. Répondez comme dans l'exemple.

On prépare la valise.

a. Quelle robe veux-tu prendre ?
– N'importe laquelle, celle que tu veux.

b. Quel chandail veux-tu emporter ?
– N'importe lequel, celui que tu veux

c. Quelles chaussures veux-tu prendre ?
– N'importe lesquelles, celles que tu veux.

d. Quels livres voudras-tu lire ?
– N'importe lesquels, ceux que tu veux.

e. Quelle casquette voudras-tu porter ?
– N'importe laquelle, celle que tu veux.

Exercice 5

Faites des remarques superlatives.

a. C'est un bon restaurant ?
– Oui, c'est le meilleur.

b. Il est bien fréquenté ?
– Oui, c'est le mieux fréquenté.

c. La cuisine est aussi bonne qu'ailleurs ?
– Oui, c'est la meilleure cuisine.

d. Il est très cher ?
– Oui, c'est le plus cher.

e. Il est bien situé ?
– Oui, c'est le mieux situé.

Leçon 12 – p. 87-88

Exercice 1

Écoutez et répétez les phrases avec des « r ».

– Moi, j'aimerais être coiffeur.
– Et moi, garagiste. Et toi, qu'est-ce que tu voudrais devenir ?
– Moi ? Acteur. *Starbuck*, tu connais ?
– « Qu'est-ce que j'peux faire... j'sais pas quoi faire... »
– Ou alors restaurateur... c'est plus terre à terre.

Exercice 3

Écoutez le récit de l'accident. Prenez des notes.

« Figurez-vous que j'ai eu un accident de voiture. Ça s'est passé samedi dernier, le 13 avril à 19 h 30... J'avais pris la Mazda 6 et je roulais sur le boulevard des Laurentides, tranquille. J'étais dans la voie de gauche parce que j'avais l'intention de tourner à gauche, au feu, pour prendre la rue Marineau... Et à ce moment-là, une voiture, une Honda Civic, m'a doublé sur ma droite. Elle allait à toute vitesse. Elle est venue se placer devant moi. Mais à ce moment-là, le feu est passé au rouge. La Honda s'est arrêtée brusquement et j'ai été obligée de freiner. Mais je n'ai pas pu l'éviter. Ma voiture a endommagé l'arrière de la Honda et j'ai eu l'aile droite enfoncée. »

Exercice 4

Répondez en une seule phrase comme dans l'exemple.

a. Tu déjeunes avec moi ? Tu le veux bien ?
– Oui, je veux bien déjeuner avec toi.

b. Tu viendras seule ? C'est ce que tu souhaites ?
– Oui, je souhaite venir seule.

c. Tu te libéreras ? Tu y arriveras ?
– Oui, j'arriverai à me libérer.

d. Tu arriveras à l'heure, tu l'espères ?
– Oui, j'espère arriver à l'heure.

e. Et c'est toi qui réserveras, tu ne l'oublieras pas !
– Non, je n'oublierai pas de réserver.

Exercice 5

Reliez comme dans l'exemple avec « tellement ... que » ou « si ... que ».

Le serveur

a. Il y a beaucoup de travail ; je ne peux pas me libérer.
→ Il y a tellement de travail que je ne peux pas me libérer.

b. On est peu nombreux ; je dois travailler plus longtemps.
→ On est si peu nombreux que je dois travailler plus longtemps.

c. Le soir, les clients restent tard ; je ne rentre pas avant minuit.
→ Le soir, les clients restent si tard que je ne rentre pas avant minuit.

d. Le soir, il y a beaucoup de monde ; je ne trouve pas de taxi.
→ Le soir, il y a tellement de monde que je ne trouve pas de taxi.

Préparation au DELF A2 — p. 91

1. message reçu aujourd'hui à 13 h 25 du
06 59 65 27 75
Ciao, Florence, c'est François, t'es libre pour
dîner ce soir ?

2. message reçu aujourd'hui à 13 h 47 du
06 25 31 98 81
Salut Flo, Sarah, j'ai deux places pour le
concert ce soir, tu viens ? Tu me rappelles
vite.

3. message reçu aujourd'hui à 13 h 59 du
06 81 92 75 75
Agence du Crédit Agricole, madame
Maréchal : votre rendez-vous de mardi à la
banque est confirmé.

4. message reçu aujourd'hui à 14 h 09 du
06 69 52 02 40
T'es où ? Devine qui j'ai vu ?

5. message reçu aujourd'hui à 14 h 13 du
06 16 42 47 59
Oui, Florence, c'est Philippe, euh... non rien...
je t'appelais comme ça, je suis dans le TGV,
je vais passer le week-end chez ma mère...
je t'embrasse... on se rappelle...

Projet : 10244542
Imprimé en mars 2018 en Italie par Grafica Veneta